YA ERES UNA MUJER VALIOSA

ANA GONZÁLEZ
@anagonzalez_coach

YA ERES UNA MUJER VALIOSA

Una guía para despertar tu poder
y construir relaciones sanas

zenith

Algunos de los nombres y de los rasgos característicos de algunas personas se han modificado para proteger su privacidad.

Zenith es un sello editorial de Editorial Planeta, S.A.
Avda. Diagonal, 662-664, 08034 Barcelona (España)
www.zenitheditorial.com
www.planetadelibros.com

Primera edición: enero de 2026
ISBN: 978-84-08-31291-8
Fotocomposición: Realización Planeta
Depósito legal: B. 22.547-2025
Impresión y encuadernación: Gómez Aparicio Grupo Gráfico
Printed in Spain - Impreso en España

PEFC Certificado
Este libro procede de bosques gestionados de forma sostenible
PEFC
PEFC/14-38-00305
www.pefc.es

A todas las mujeres que alguna vez se sintieron pequeñas.
Con amor,
Ana.

SUMARIO

INTRODUCCIÓN

Durante mucho tiempo creí que no era suficiente: fue la creencia limitante que me persiguió durante infinidad de años. Y pensar eso de mí misma hizo que terminara en relaciones que me hacían daño, que me hacían sentir pequeña, invisible, y en las que, por lo tanto, se reafirmaba mi creencia de no ser suficientemente válida o merecedora de amor. Así que lo que hacía era mendigarlo para subsistir. Sin ese amor me ahogaba, me dolía el pecho, lo necesitaba como si fuera oxígeno. Estaba sedienta. Sedienta del poco amor que me daban los otros porque yo no sabía cómo amarme a mí misma. Por sostener esos vínculos, me perdí tantas veces a mí misma que llegué a pensar que nunca encontraría el camino de vuelta. Si alguna vez te has sentido así, quiero que sepas que no eres rara ni débil. Eres humana. Y, sobre todo, no estás sola.

Quiero empezar este libro diciéndote algo que ya eres una mujer valiosa. Sin importar lo que haces o lo que tienes, sino lo que ERES. Así tal cual, con tus dudas, tus heridas y tu historia. Quizá estés cansada de dar demasiado, de callarte en tus relaciones, de esperar mensajes que nunca llegan, de sentir que tu felicidad depende de alguien más. Quizá sientas que tu autoestima se ha ido desmoronando con cada relación hasta quedarte sin brillo, sin rumbo, sin saber muy bien quién eres. Si es así, bienvenida. Gracias por atreverte a estar aquí.

He escrito este libro para cogerte de la mano y decirte que hay salida, que el amor más grande de tu vida es el que te das a ti misma. Este libro nace de mis heridas, de mis noches en vela, de mis lágrimas y también de mi transformación. Porque sí, se puede salir de ahí. No solo es posible reconstruirse: es inevitable cuando decides elegirte. Y eso es lo que hoy quiero decirte desde el principio: dentro de ti ya está todo lo que necesitas. El poder, la fuerza, el amor, la seguridad de que eres suficiente... siempre han estado ahí, dentro de ti, esperando a que los saques a relucir. Aquí vas a encontrar reflexiones, herramientas y ejercicios que te ayudarán a reconectar contigo, a poner nombre a lo que te ocurre y a dar pasos, pequeños pero firmes, para recuperar tu valor y tu poder personal. No te prometo un camino fácil, porque, como siempre digo, el camino es de rosas y espinas, pero sí será un camino auténtico. No te garantizo que nunca vuelvas a caer, pero sí que aprenderás a levantarte distinta, más fuerte, y más consciente de quién eres. Este viaje es hacia dentro: es un regreso a tu centro, a esa mujer increíble que siempre has sido y que está esperando a ser vista, reconocida, y abrazada.

Hoy acompaño a miles de mujeres a través de mis programas, mis talleres y mi comunidad en redes, pero, cada vez que escribo, lo hago pensando en la Ana de antes: en esa mujer que necesitaba una voz amiga que le dijera «tú puedes» y que le recordara que no estaba rota, que solo estaba desconectada de sí misma. Esa es la voz que quiero que encuentres en estas páginas.

Si algo deseo con este libro es que al terminarlo sientas dentro de ti la certeza de tu propio valor. No serás valiosa cuando alguien te elija, ni cuando cumplas todas tus metas ni cuando seas perfecta (porque la perfección no existe). Lo eres ahora, aquí, con tus heridas, con tus dudas y con tu historia.

Así que gracias por estar aquí, por atreverte a abrir este libro y a abrirte a ti misma. Permíteme acompañarte en este camino. Te prometo que no caminarás sola y que cada página será una voz amiga que te dirá que tú eres tu mejor elección.

CAPÍTULO 1

¿SOY ADICTA AL AMOR Y A LAS RELACIONES? DEPENDENCIA EMOCIONAL

A lo largo de los años, a partir de mis propias vivencias, de mis sesiones con mujeres y de los numerosos estudios que he consultado, he podido confirmar algo: un alto porcentaje de mujeres son emocionalmente dependientes de sus parejas. Aunque esta dependencia también puede manifestarse en sus relaciones con amistades o familiares, suele ser más evidente en el ámbito amoroso.

Si esta es tu situación, quiero que sepas algo importante: no estás sola, no eres la única y, desde luego, no eres un caso aislado. Lo mejor de todo es que existe una solución, y, en este camino que hoy comienzas, la exploraremos juntas.

Quizá te estés preguntando: «¿Realmente soy una mujer dependiente o simplemente me falta trabajar un poco mi autoestima?». La verdad es que muchas mujeres que sufren dependencia emocional no lo reconocen hasta que llegan a un punto crítico, ya sea porque se sienten completamente perdidas, sin identidad o absolutamente desconectadas de sí mismas. Identificarlo no siempre es sencillo, pero estoy aquí para ayudarte.

Lo que sí suele ser evidente y común en todas las mujeres que atraviesan esta situación es esa constante sensación de vacío, insuficiencia, malestar y miedo en el pecho. Eso no falla. Porque, aunque podamos engañarnos a nosotras mismas (las mujeres inteligentes son expertas en el autoengaño), nuestro cuerpo nunca miente.

Ahora, quiero hacerte unas preguntas:

¿Cuántas veces has sentido ansiedad en esa relación?

¿Cuántas veces has experimentado un vacío en el pecho por no recibir suficiente atención o amor?

¿Has llegado a temblar, a tener espasmos, a sentir retortijones en el estómago o incluso a perder el apetito por completo?

La psicóloga Silvia Congost, experta en autoestima y dependencia emocional, define la ansiedad como el estado de inquietud, miedo e inseguridad que experimenta una persona dentro de una relación, especialmente cuando siente que su vínculo con la otra persona está en peligro. Por lo tanto, si tus respuestas a las preguntas anteriores han sido afirmativas, quiero decirte algo: nuestro cuerpo nos habla constantemente. El problema es que vivimos con el piloto automático puesto, desconectadas de nosotras mismas; a veces porque no queremos enfrentar lo que sentimos, otras porque no estamos preparadas para aceptar la verdad y tomar decisiones ya que eso supone tener que salir de nuestra zona de confort. Pero, si pudiéramos reconectarnos con nosotras, con nuestro cuerpo y con nuestro interior, entenderíamos que las respuestas que buscamos fuera siempre han estado dentro de nosotras.

En este capítulo vamos a descubrir juntas en qué consiste exactamente la dependencia emocional y comprobar si realmente la estás sufriendo o no. Pero lo primero que quiero aclararte es que todas las relaciones, sin excepción, tienen un grado de dependencia, y eso es completamente normal. Sí, lo he dicho. No estoy delirando. Sobre todo en la etapa de enamoramiento, cuando tenemos vínculos muy íntimos, es inhumano no esperar o desear cierta validación y aprobación por parte del otro.

Otra cosa es la dependencia emocional excesiva que se convierte en patológica proveniente de un miedo terrible a ser abandonadas, a no ser queridas y a no ser suficientes. Esto es algo diferente y es en lo que vamos a profundizar en este capítulo.

Otra cosa que quiero dejar clara es que no todo es dependencia emocional. Tener ganas de tener una pareja, ganas de que te amen, de que te abracen, incluso de que te validen, no te convierte en una mujer dependiente: te convierte en un ser humano con sentimientos y un corazón en el pecho.

Las siguientes páginas te van a ayudar a saber exactamente lo que estás viviendo; te daré ejemplos de casos reales y, además, te proporcionaré herramientas que te ayudarán a reflexionar y a dar pequeños pasos para mejorar tus relaciones y la relación que tienes contigo misma.

ASÍ SE VIVE LA DEPENDENCIA EMOCIONAL EN LAS RELACIONES

Cuando nos referimos a la dependencia emocional, hablamos de la necesidad excesiva de atención, cariño y amor que siente una persona con respecto a su pareja. Suele ir acompañada de un miedo extremo al abandono, a la soledad, al rechazo y a no ser querida. Lo que se esconde bajo este patrón es una autoestima y un autoconocimiento pobres, lo cual lleva a esas personas tener una visión de ellas mismas muy negativa: se sienten insuficientes, pequeñitas y no merecedoras de amor. Son personas con carencias afectivas y vacíos emocionales que tratan de llenar con el amor de otras personas. Y, con tal de poder seguir teniendo ese vínculo, a veces mantienen relaciones tormentosas, aunque eso les provoque malestar e infelicidad.

Las personas que sufren este tipo de situaciones están dispuestas a pagar un precio muy alto para mantener esta relación porque para ellas el vínculo es lo primordial, sin importar su calidad ni cómo este les haga sentir. Se pierden a sí mismas en el otro, intentando verse y validarse a ellas mismas a través de los ojos de su pareja. Intentando llenarse del amor que a ellas mismas les falta mediante el otro, intentando inconscientemente que su pareja cubra las carencias afectivas que provienen muy probablemente de su infancia. Necesitan reafirmar a través del otro que son merecedoras de amor, ya que por ellas mismas no son capaces de verlo debido a su falta de amor propio. Dan al otro el poder de decidir si son suficientes o no, y la opinión de sí mismas cambia en función de lo que opine de ella la otra persona.

Quiero enseñarte algunas formas en las que se manifiesta la dependencia emocional para que, si algo de lo que te estoy contando te resuena o te remueve por dentro, compruebes si realmente la estás sufriendo o no. La dependencia emocional puede verse así:

- Sientes ansiedad, tristeza, miedo a la soledad, rechazo o abandono.
- Tienes pánico ante la idea de ruptura.
- Sientes la necesidad constante de aprobación y validación.

- Necesitas la opinión constante de tu pareja para tomar decisiones.
- Sientes que tu felicidad depende de tu pareja, ya que es el centro de tu vida.
- Necesitas comprobar constantemente que tu pareja te quiere.
- Aceptas situaciones desagradables con tal de mantener el vínculo con tu pareja.
- Necesitas controlar a tu pareja, saber qué hace, dónde está o con quién habla.
- Tienes una sensación de vacío constante que solo llenas con el otro.
- Idealizas a tu pareja, ignorando o minimizando sus defectos.
- Priorizas la relación poniendo siempre las necesidades y los deseos de tu pareja por encima de los tuyos.
- No pones límites personales, te cuesta decir «no» por miedo a que tu pareja te rechace o se moleste.
- Tienes baja autoestima, sientes que no eres suficiente por ti misma y que solo encuentras el valor y el amor a través de tu pareja.
- Realizas sacrificios excesivos creyendo que así demostrarás más amor y serás aceptada.
- Tienes miedo al conflicto: evitas cualquier tipo de discusión o confrontación y prefieres guardar silencio por miedo a que se rompa la relación.

La dependencia emocional no solo afecta a tu bienestar personal y emocional, sino que también puede perpetuar dinámicas insanas en tus relaciones. Que reconozcas estas señales a tiempo es el primer paso para que puedas trabajar en la recuperación de tu autoestima y que empieces a construir vínculos sanos y más equilibrados en los que podrás disfrutar sin ansiedad y sin miedo.

> «El amor auténtico nace de la libertad, no de la necesidad».
>
> OSHO

¿CÓMO SÉ SI ES AMOR O DEPENDENCIA?

A veces puede ser complicado diferenciar si estás enamorada o si estás siendo dependiente, porque obviamente tenemos sentimientos por esa persona y vivimos momentos buenos con ella. Pero si la mayoría del tiempo te sientes triste, ansiosa, sumisa, infeliz, insuficiente, frustrada y enfadada, entonces es muy probable que estés sufriendo de dependencia emocional.

Cuando amas a alguien y estás realmente enamorada, sientes felicidad, te sientes plena, en paz, relajada, protegida, escuchada, validada, apoyada por tu pareja, con un proyecto de vida en común, etc. Son sentimientos que nada tienen que ver con los que he mencionado antes.

Cuando tú empiezas una relación desde la necesidad de no estar sola, de llenar un vacío (pensando que esa persona te lo va a llenar y solo así serás feliz) y sin sentirte bien del todo contigo misma y con tu vida, estás siendo dependiente. Cuando tú empiezas una relación desde la elección, porque de verdad te gusta esa persona y quieres compartir tu vida con ella, es un plus de felicidad agregado a la que tú ya tienes por ti misma. Ahí estás amando a la persona por ser quien es y por lo que te aporta.

Cuando tienes una relación de dependencia, lo que te importa de verdad es mantener el vínculo, no la persona en sí. Sí, sé que puede ser difícil plantearte ciertas cosas, pero realmente tienes que preguntarte: «¿por qué amo a mi pareja?, ¿quiero estar con ella porque de verdad amo su forma de ser y sus valores?, ¿amo a mi pareja por cómo me hace sentir?, ¿qué me está ofreciendo realmente?, ¿me aporta lo que necesito?».

Te digo esto porque yo misma lo he vivido y muchas mujeres con las que trabajo acaban dándose cuenta de que realmente no estaban enamoradas de sus parejas. Aunque hacía tiempo que esa relación no las hacía sentir bien, no se veían capaces de salir de ahí por miedo a estar solas y a empezar de nuevo. Permanecían en su zona de confort por miedo a lo desconocido, a pesar de sentirse infelices. Porque «qué pereza ahora estar soltera» —que no es lo mismo que estar sola— «y conocer a gente nueva; por lo menos así, al menos, tengo a alguien», dándole importancia al vínculo y no a la persona en sí.

Yo sé que no es fácil salir de una relación así, porque, como te digo, no todo es negativo y también hay momentos bonitos. Si todo fuera malo sería mucho más fácil, pero la mayoría de las veces no es así. Por eso es importante no vivir en el autoengaño, ser honesta contigo misma y aceptar la realidad de tu relación. Pregúntate si mantienes esa relación por amor o por miedo.

CUANDO LE DAS EL PODER AL OTRO SOBRE TI

Cuando tenemos una autoestima baja y nos vinculamos con alguien desde una carencia, vamos a buscar nuestra valía solo a través de los ojos del otro, con lo cual le estamos otorgando un poder sobre nosotras: el poder de que sea esa otra persona quien decida si somos válidas, suficientes o queribles.

Sentirás que la visión que tú tienes sobre ti misma cambia en función de lo que opine tu pareja sobre ti. Por ejemplo: tenéis una cena con amigos y tienes claro que quieres ponerte tu vestido rojo largo; es tu vestido favorito, te encanta y te ves estupenda con él. Pero llega tu pareja y te dice que a él no le gusta cómo te queda ese vestido y que estás más guapa con el traje de chaqueta negro de siempre. Entonces tú acabas poniéndote ese traje negro, a pesar de que querías ponerte tu vestido rojo favorito, porque según él estás más guapa así y su opinión vale más que la tuya. Ahí le has dado el poder de que él decida por ti qué ropa te sienta mejor y cómo estás más guapa.

Y ahora te pregunto: ¿desde qué miedo estás actuando en esta situación?, ¿qué estás consiguiendo al cambiarte de ropa?, ¿cómo te sentirías si decidieras no cambiarte?, ¿qué pasaría?

Este es solo un ejemplo sencillo, pero en realidad es una situación más común de lo que pensamos y que lleva detrás la necesidad de aprobación, de ser perfectas, de ser suficientes, de ser elegidas y de no dar nuestra opinión. Estamos buscando sentirnos amadas y validadas.

Otro claro ejemplo de que le estás dando el poder a tu pareja es que tus sentimientos o emociones cambian en función de sus comportamientos, por ejemplo, si te manda un mensaje o no, si te propone un plan o no, si se muestra cariñoso o no...

Todo en ti cambia según sus acciones, quizá un día te despiertas feliz de la vida, pero te das cuenta de que esa persona no te ha dado los buenos días como siempre o que está ausente durante unas horas o que simplemente está menos cariñosa de lo habitual y, al notar su ausencia o su cambio (lo cual puede ser algo real porque en tu relación abunda la intermitencia o puede ser solo una interpretación personal), tu humor comienza a transformarse y empiezas a venirte abajo a lo largo de las horas. Todo lo maravilloso que parecía que iba a ser este día finalmente no lo ha sido por falta de un mensaje o por no recibir la suficiente atención que esperabas. Y tú ya te empiezas a preguntar si le pasa algo, si te ha dejado de querer o si hay algo mal en ti o en la relación, te invade el miedo y la angustia porque empiezas a pensar que el vínculo puede romperse. Tienes la necesidad de saber que todo está bien, la necesidad de corroborar que la relación sigue en pie y que no te van a abandonar, para así confirmar que eres valiosa y digna de amor.

Estás conectando con un sentimiento de inseguridad y de miedo al abandono, a quedarte sola; sientes la necesidad de solaparte con el otro para que no se vaya de tu lado. Cuando esto pasa, en realidad lo que estás buscando es regularte a través de tu pareja, estás buscando seguridad en tu relación porque probablemente en algún momento de tu infancia no la tuviste con tus padres o cuidadores. Cuando esto te pase pregúntate: ¿este dolor es nuevo?, ¿pertenece a mi presente?, ¿o viene de antes? Probablemente encuentres respuestas en el pasado. Es como si tuvieras una herida abierta en el hombro y viene alguien y te la toca; obviamente te va a doler, pero ¿qué estaba antes, la herida o la persona que la tocó?, ¿de quién es responsabilidad sanar esa herida?

Está claro que cuando nos relacionamos de una forma más íntima con alguien, sobre todo al principio, vamos a querer gustarle o impresionarle. Pero querer gustar es algo muy distinto a tener la necesidad constante de aprobación, de sentirnos amadas y de que nos validen. Estamos depositando en el otro una responsabilidad que, además de ser enorme, es injusta: «Tú tienes que hacerme feliz», «Tú tienes que darme amor», «Tú tienes que hacerme sentir guapa», «Tú tienes que cuidarme y protegerme»... exigimos todas esas cosas cuando, en realidad, son responsabilidades solo nuestras. Es a nosotras mismas a quienes nos corresponde darnos amor, protección, cuidado y felicidad. El problema es que, como no sabemos hacerlo, pretendemos que el otro lo haga por nosotras, y ahí es donde está el error. Ahí está tu niña interior queriendo que alguien la salve. Cargamos mucho peso en los hombros de nuestra pareja y así también nos quitamos nosotras la responsabilidad de hacernos cargo de lo que nos toca.

EJERCICIO

Me gustaría que respondieras estas preguntas para que puedas reflexionar:

- ¿Qué emociones predominan en mí cuando no estoy con esa persona?
- ¿Qué estoy necesitando de esta relación?
- ¿Qué rol ocupo yo en este vínculo?

- ¿En qué otras ocasiones de mi vida he sentido lo mismo que siento ahora?
- ¿Tengo miedo de no poder ser feliz si esa persona me deja?
- Si no tuviera miedo, ¿qué decisión tomaría respecto a mi relación actual?

Te recomiendo que las escribas en tu cuaderno y te des tiempo para contestarlas de forma que seas honesta contigo misma.

¿HAY ALGO MALO EN MÍ POR SER ASÍ?

Nada. Absolutamente nada. Y, si alguna vez lo has pensado, quiero que te lo quites de la cabeza. No estás mal, no estás loca, deja de buscar la culpa en ti. Piensa que estos patrones y comportamientos —tus heridas, tu apego ansioso, tus creencias sobre el amor, etc.— llevan en tu subconsciente muchos años y que tú no has tenido acceso a ellos, no has sido consciente de su existencia para poder trabajarlos. Lo que sí que quiero que veas es qué tipo de relaciones se están repitiendo en tu vida y a qué tipo de personas estás escogiendo para compartirla porque, si has tenido varias relaciones y en todas sientes los mismos miedos, la misma ansiedad y las mismas necesidades sin cubrir, debes tener claro que en todos esos vínculos el común denominador eres tú. Y eso significa que estás eligiendo a tus parejas desde tus patrones inconscientes y desde tus heridas sin sanar, o, mejor dicho, esos patrones y esas heridas están eligiendo por ti. No es una coincidencia que conectes siempre con el mismo tipo de personas; de manera inconsciente eliges a aquellas que tocan tus heridas, buscando revivirlas con el fin de sanarlas. Es muy loco, pero es así. Por lo tanto, no es que tengas mala suerte con los hombres y que siempre te toquen los mismos, es que los estás eligiendo desde un patrón que se repite una y otra vez. Y cuando esa herida no está sanada, pasas de una relación a otra y se repite la misma historia, la misma lección (en forma de persona) hasta que la aprendas y sanes esa herida. A todas esas personas parecidas tú les abres las puertas de tu vida y las invitas a pasar, pero repito que no es una elección consciente como tal.

Y sí, puede ser que hayas escogido a una persona sana y con apego seguro, y que aun así a veces dudes y te entren miedos. Eso es completamente natural y humano, pero, si es así, es conveniente que te hagas responsable de trabajar tus heridas para que puedas vivir lo mejor posible tus relaciones y poder disfrutar de lo bonito de ellas. Eso sí, déjame aclararte que no siempre depende todo de nosotras. Puedo asegurarte que, en una relación en la que hoy te quieren y mañana no, en una relación en la que abunda la incertidumbre y en la que no te sientes segura, cualquier mujer se va a sentir ansiosa y conectará con sus inseguridades porque ese vínculo está haciendo que sus heridas se abran de nuevo. Y todos llegamos a las relaciones con alguna heridita, por eso es importante elegir bien.

Quizá te hayan dicho alguna vez: «Es que eres muy intensa», «Estás exagerando», «Madre mía, no es para tanto», «Te estás montando películas»... Y yo te pregunto: ¿Cuál fue la primera vez en tu vida que escuchaste estas frases? ¿Cómo te hacen sentir? ¿Crees que en una relación sana tu pareja te diría estas frases?

Esta no es solo una forma de invalidar las emociones, sino también una forma de hacerte responsable a ti de todos los problemas que hay en la relación, y eso es injusto. Porque, además, hacen que dudes ti, de tus sentimientos y de tu criterio. Te hacen pensar que estás loca, que eres muy insegura, que no te quieres nada y que, encima, tu pareja se va a cansar de ti y te va a acabar abandonando. Pero déjame preguntarte: ¿cómo estaba tu autoestima antes de esta relación? ¿Tú ya eras insegura antes de esta relación o has empezado a serlo durante la misma? ¿Estás segura de que tu pareja o a quien estás conociendo no está teniendo comportamientos que hacen que se activen tu ansiedad y tu miedo? ¿Sientes que estás recibiendo lo mismo que das o crees que tú estás aportando más?

Antes de echarte a ti la culpa, quiero que reflexiones sobre la relación que tienes, porque puede ser que tu pareja o ese chico (sin quererlo) esté haciéndote sentir insegura con ciertos comportamientos. Porque el hecho de tener muy buena autoestima y confiar en nosotras no quiere decir que seamos una roca y que todo nos dé igual o no nos duela.

Y no, no eres ni demasiado sensible ni demasiado intensa. De hecho, si eres así, posees una gran virtud, porque vives las relaciones al máximo y te entregas de verdad. Lo que necesitas es alguien que cuide esa sensibilidad y esa intensidad como si fueran un tesoro. Necesitas a alguien que acepte tu personalidad y que te dé tranquilidad. Si eliges a una persona que aparece un día sí y otro no, que te contesta los mensajes cada doce horas sin dar explicaciones o que te minimiza o invalida, claro que te vas a sentir ansiosa, tú y cualquiera. No eres un robot, querida. Hasta la mujer más empoderada del universo se sentirá insegura y ansiosa con un hombre intermitente, de eso no hay duda.

EJERCICIO

Quiero que hagas una lista de las situaciones reales en las que tu pareja te haya hecho sentir ansiosa o insegura y al lado, en otra columna, que escribas qué necesitas de tu pareja en cada una de esas situaciones para no volver a sentirte así.
Este ejercicio te ayudará a identificar realmente qué hace explotar tu inseguridad y qué necesidades tienes tú para poder poner límites en tu relación.

Mi pareja me hace sentir ansiosa o insegura cuando:	**Qué necesito de mi pareja en esta situación para no sentirme así:**
Ejemplo: se lleva el móvil al baño y siento que lo usa a escondidas.	Ejemplo: que use su móvil con naturalidad también delante de mí para no sentir que me está ocultando algo.

Vivimos en la época del amor líquido, fugaz, sin compromiso, sin responsabilidad afectiva y en la que abundan las personas inmaduras emocionalmente. Somos niños que juegan a vincularse como si nada pasara y como si nada nos atravesara. Desconectados de nuestras emociones y de las de los demás. Conectándonos a través de nuestras heridas internas y no teniendo conciencia del daño que podemos hacerle al otro y a nosotros mismos. Actuando a través del ego en lugar de hacerlo desde el amor, actuando desde el niño herido y no desde la persona adulta y responsable. Por eso es importante que, dado que la sociedad está en este estado, hayamos trabajado en nosotras mismas y sepamos elegir desde nuestra mujer adulta y no desde nuestra niña herida, porque esa niña va a elegir a otro niño con el que jugar, no a un ser adulto con el que construir una relación madura. Por eso tantas mujeres eligen a hombres que no están disponibles emocionalmente, que son inmaduros o que no se comprometen y, si lo hacen, es a medias tintas, porque en el fondo ellas tampoco están listas para tener una relación consciente dado que es su niña interior la que elige y gobierna sus relaciones, en lugar de ser la mujer adulta, madura y racional la que toma las decisiones. Ya profundizaremos en este tema un poco más adelante porque es necesario que hablemos de él con consistencia.

Lo que quiero decirte es que es normal que esas heridas se reactiven si alguien te las toca; tu sistema nervioso se pone en alerta porque conecta automáticamente con una situación del pasado donde viviste ese dolor, y vuelves a ese momento de forma inconsciente. Esa sensación de no ser querida, de no ser suficiente, de no ser válida, de «otra vez nos abandonan», «de nuevo nos rechazan». Y está claro que no quieres revivir ese dolor, ni tú ni nadie, aunque en algunas ocasiones será inevitable porque forma parte de la vida. Pero es importante que tú te des cuenta de lo que se está repitiendo en tu historia una y otra vez, porque esos son tus patrones, tus heridas.

Seguirás conociendo a la misma persona en diferentes cuerpos hasta que aprendas la lección.

Piensa en todas las parejas que has tenido: ¿Qué tienen en común todas ellas? ¿Todas te han hecho sentir igual? ¿Qué patrones de comportamiento se repiten?¿Existían los mismos problemas o similares?

Es necesario que te tomes tu tiempo para responderlas, quiero que descubras cuál es la lección que necesitas aprender.

EL RELATO DE GLORIA

Otra vez siento esa sensación en mi cuerpo, esos nervios en el estómago, esa ansiedad que recorre mi piel, esos espasmos y temblores, porque mi novio ha vuelto a desaparecer durante horas sin darme explicaciones. Yo me estoy volviendo loca pensando: ¿Dónde está? ¿Por qué no me contesta a los mensajes? ¿Estará con alguien más? Seguro que me está engañando, no puedo confiar en él. Tengo miedo. Miedo a que me abandone. A lo mejor ya no me quiere como ayer, puede que se haya cansado de mí, quizá he hecho o he dicho algo malo. Voy a revisar los mensajes de nuevo a ver qué es lo último que le he dicho. Seguro que es mi culpa, quizá porque yo antes tardé un poco en contestarle, por eso ahora lleva doce horas desaparecido. Estoy desesperada, necesito saber algo de él, le he escrito un montón de mensajes y le he llamado tres veces y nada; me siento insegura, triste, preocupada, ansiosa. Es insoportable esta sensación. ¿Por qué soy así? Así nadie me va a querer.

Me he despertado varias veces esta madrugada para ver si me había contestado, para ver si estaba en línea y si en realidad no quería contestarme, pero nada. Me he levantado de mal humor y le he hablado mal a mi compañera de piso, porque cuando estoy mal con él estoy mal con todo el mundo. Finalmente, ha aparecido esta mañana a las doce explicándome que estuvo jugando a los dardos con sus amigos en el bar hasta tarde y que después se fue directamente a dormir, que no anduvo mirando el teléfono. Y no te creas que se ha dignado a llamarme para tranquilizarme, él ha pensado que era suficiente con mandarme un par de wasaps después de los veinte que le escribí yo anoche. Le he dicho cómo me sentí, que no puede hacer eso, que tiene que pensar en mí y que tiene a una persona a su lado que se preocupa. Que a mí me hacen daño ese tipo de comportamientos y que tiene que ser más responsable. Él le ha quitado toda la importancia y me ha dicho que no puede estar siempre pegado al móvil para mí, que él tiene una vida y que él es así, que esto es lo que hay y que si me gusta bien y si no, también. Además, me ha dicho que soy una exagerada, una desconfiada y que me estoy victimizando. Que se está cansando de mis pollos por estas tonterías. Que, si no confío en él, que le deje, que no entiende entonces por qué sigo con él.

La verdad es que esperaba otra reacción por su parte, que se disculpara y que entendiera cómo me siento con todo esto. Y ciertamente ahora me siento muchísimo peor, como una auténtica mierda. No tendría que haberle dicho nada. Total, él es así y no va a cambiar por mí, soy yo la que tengo que aceptarle como es. Voy a pasarlo por alto porque en realidad no ha sido grave y no quiero que discutamos, le quiero demasiado y quiero que estemos bien, así que hoy me ha propuesto vernos y seguro que cuando estemos juntos se nos pasa todo. Prefiero estar así antes que empeorar la situación, no puedo ni pensar en que nuestra relación puede romperse, me dolería demasiado.

Gloria es una mujer que tenía una herida de abandono paterna bastante grande que jamás había tratado, lo cual le generó graves problemas de autoestima, y buscaba el amor de su padre inconscientemente en otros hombres. Estuvo dos años metida en esta relación, siendo invalidada y manipulada. La dependencia emocional solo le permitió salir de esta relación cuando llegó a su límite. Tuvo ansiedad, insomnio, estrés y problemas estomacales durante todo este tiempo. Siempre se sintió insegura, insuficiente, poco querida y totalmente vacía. Los comportamientos de su pareja generaron en ella mucho sufrimiento, llegó a desconfiar de ella misma, de su palabra, de su criterio y de sus sentimientos porque siempre era invalidada en su relación y, en consecuencia, ella misma también se invalidaba. Sufría de tal dependencia emocional que llegó a convertirse en su propio infierno, modificando su forma de ser, evitando discusiones y conflictos, siendo incapaz de poner límites a su pareja por miedo al abandono y aceptando situaciones y comportamientos que le hacían daño solo por mantener la relación. Su temor a revivir el dolor de que volvieran a abandonarla, como hizo su padre, era tan grande que creyó que esa relación era mejor que nada y que en el fondo ella solo se merecía eso.

Y ahora te invito a que respondas a estas preguntas:

- ¿Te sientes identificada en algún aspecto con Gloria?
- ¿Has vivido alguna vez algo similar?
- ¿Alguna vez has sentido ese miedo extremo de perder a alguien aun sabiendo que no eras del todo feliz en la relación?

En algún momento de nuestras vidas, muchas de nosotras hemos puesto nuestra felicidad en manos ajenas. Tal vez en una pareja, en amigos, en nuestros hijos o incluso en las expectativas que la sociedad tiene sobre nosotras. Poco a poco nos vamos olvidando de nosotras mismas y nos salimos de nuestro eje, nos olvidamos de quiénes somos realmente y comenzamos a vivir para los demás. Esperando amor, validación o reconocimiento externo.

Es un ciclo silencioso que, al principio, no parece dañino. Al contrario, puede sentirse natural: «Si doy amor, lo recibiré», «Si me esfuerzo más, alguien me verá y me elegirá». Pero lo cierto es que, cuanto más nos alejamos de nosotras mismas, más nos perdemos en la necesidad de que algo externo nos complete. Sin darnos cuenta, nos convertimos en mujeres dependientes de que alguien más nos ame, de que alguien nos apruebe, de que algo allá fuera nos dé el sentido que hemos dejado de darnos.

Lo cierto es que el amor más puro y que nadie puede arrebatarte es el que te tendrás a ti misma. Ese es innato y está dentro de ti. Es el único amor que te va a sostener cuando tu mundo se esté tambaleando. Sé que tienes miedo a que te rechacen, a que no te quieran, a no ser suficiente, a que no te acepten como eres... Yo también lo sentí. Pero quiero decirte que tú eres merecedora de amor simplemente por existir, no tienes que luchar ni esforzarte para que te quieran. Lo que necesitas es volver a ti, a tu centro. Reencontrarte contigo misma, abrazar tus miedos, tus partes rotas, tus heridas, perdonar y perdonarte. Y para ello voy a acompañarte en los siguientes capítulos. No estás sola en esto. Ya has dado el primero paso, que es tener este libro en tus manos.

CAPÍTULO 2

LA RELACIÓN CON MAMÁ Y PAPÁ. MIRANDO DE FRENTE A TU NIÑA INTERIOR

Nuestros padres (o las figuras principales de cuidado en nuestra infancia) y la relación que tenían entre ellos son nuestros primeros referentes en el amor porque son quienes nos enseñan cómo se construyen y se viven los vínculos emocionales. Es decir, de forma subconsciente, tú aprendiste desde pequeña que el amor era y debía de ser tal y como lo vivían tus padres o cuidadores. La relación de nuestros padres determina cómo internalizamos la forma de amar, de comunicarnos y de resolver conflictos. Esto puede influir en nuestra autoestima y, por supuesto, en nuestros vínculos emocionales. Por ejemplo, si tus padres tenían una relación tradicional en la que tu padre era quien mandaba en casa, quien tomaba las decisiones importantes, quien trabajaba y llevaba dinero a casa mientras que tu madre se dedicaba al cuidado y limpieza del hogar, a cocinar y a la crianza de los hijos —es decir, un ambiente machista donde la voz masculina era más importante que la de la mujer—, es probable que concibas el amor y la relación de pareja de esa manera porque eso es lo que tú has visto en tu casa. O tal vez tus padres estaban relativamente presentes, pero emocionalmente ausentes tanto por lo que respecta a su relación de pareja como a su relación contigo, quizá eran personas que estaban acostumbradas a no resolver los conflictos y preferían guardar silencio y no expresarse. Tal vez eso podría provocar que te resulte difícil expresar tus emociones o necesidades en una relación y sentir que tú no mereces atención plena. Otro ejemplo: imagínate que tus padres tuvieron una relación tóxica donde abundaban los gritos, insultos, peleas, manipulación, llantos, agresiones, infidelidades, etc. Y después se reconciliaban como si nada hubiera pasado. Imagínate que tus padres son personas codependientes y se necesitan el uno al otro para no afrontar la soledad. Es muy probable que tú tengas la creencia de que el amor conlleva sacrificio y sufrimiento, que hay que aguantar mucho, que es mejor una relación así antes que estar sola, que hay que perdonar lo imperdonable con tal de salvar el vínculo, que para recibir afecto es necesario tolerar el maltrato, etc. Todo lo que has vivido en tu casa con tus progenitores está grabado en tu memoria y en tu subconsciente, aunque haya sucesos que no recuerdes. Y, si no trabajas para romper ese patrón y esas creencias acerca del amor durante tu vida adulta, es probable que busques relaciones parecidas a la de tus padres porque esa es tu zona de confort, es lo que a ti te resulta familiar y tu cerebro no quiere salir de ahí; tiene miedo a lo desconocido y, además, no sabría cómo actuar en una relación que no cumpliera con ese patrón. Llegamos a normalizar tanto ciertos comportamientos que vimos en casa que, cuando nos vinculamos, nos parece absolutamente válido todo lo que ocurre en la relación, aunque sean comportamientos tóxicos, porque eso es lo normal para nosotros y es lo que hemos aprendido del amor.

Por otro lado, si creciste en un hogar donde tus padres tenían un vínculo sano y basado en la comunicación y el respeto mutuo, es probable que su forma de amar te haya ayudado a construir una base sólida para relacionarte de forma saludable. Aprendiste que puedes expresar tus emociones, que puedes comunicar tus necesidades y resolver los conflictos de tu pareja de forma constructiva.

EJERCICIO

Me gustaría que respondieras estas preguntas para que puedas reflexionar:

- ¿Qué enseñanzas te dejó el amor según lo que viviste en tu hogar?
- ¿Qué percibiste en la relación de tus padres?
- ¿Creciste en un ambiente lleno de amor o experimentaste momentos difíciles como un divorcio, peleas, etc.?
- ¿Cómo se relacionaban tus padres entre ellos y cómo era su trato hacia ti?
- ¿Presenciaste gritos y conflictos frecuentes o viviste en un entorno donde predominaba la calma y el diálogo?
- ¿Recibiste demostraciones claras de amor o sentías que debías esforzarte para llamar su atención? ¿De qué manera lo hacías?

Después de responder estas preguntas quiero que reflexiones un momento sobre cómo han sido las relaciones que has tenido en tu vida: piensa si todas ellas tienen algo en común o no, si hay patrones que se repiten, si sueles estar con personas que tienen un perfil parecido o si te has dado cuenta de que has reflejado lo que viste en casa en alguna de tus relaciones. Es importante identificar estos patrones, sobre todo si no estás teniendo vínculos saludables, ya que puede que tus creencias sobre el amor te estén influyendo de forma negativa. Identificar esas creencias es el primer paso para empezar a romperlas.

Después de haber hecho esta reflexión, te dejo este ejercicio que te ayudará a detectar esos patrones que estás repitiendo y a verlo todo mucho más claro.

EJERCICIO

Escribe en la primera columna ejemplos concretos del comportamiento que viste en tus padres y en la segunda columna cómo se refleja esto en tus relaciones:

El comportamiento que vi en mis padres:	**Cómo se refleja en mis relaciones:**
Ejemplo: «Mi madre se posicionaba por encima de mi padre y le hacía sentir un inútil»	Ejemplo: «No encuentro a nadie que sea suficiente para mí»

Ejemplo: «Mis padres discutían siempre delante de mí»	Ejemplo: «El amor conlleva pelear mucho y estar en tensión»

Probablemente, después de hacer estos ejercicios te estés dando cuenta de cómo tu infancia influye en tus relaciones y en tu forma de vivirlas. El pasado influye, sí, pero no determina tu futuro; tú tienes el poder de cuestionar tus creencias heredadas, de sanar, de perdonar y de romper todos los patrones que has adquirido. En ti está la capacidad de ser una mujer libre de su pasado que transforma su presente para tener un mejor futuro.

BUSCARÁS EL AMOR DE PAPÁ EN OTROS HOMBRES

Esta frase puede sonar muy brusca, pero puedo asegurarte que es así. La herida del padre en las mujeres nos hace mucho daño en las relaciones. Es decir, si tu padre no estuvo presente emocionalmente para nosotras, si no fue cariñoso, amoroso o protector, eso puede causarnos una herida que nos dice que no somos suficientes para recibir el amor de papá, algo que, por supuesto, no es real. Cuando somos niñas y nuestro cerebro es inmaduro, no tenemos la suficiente racionalidad para detectar el lenguaje de amor de nuestros padres y es posible que su amor no nos llegase de la forma en que nosotras necesitábamos. Por lo tanto, si no sanas la relación con tu padre siendo adulta, puedo asegurarte que te morirás buscando su amor en brazos de otros hombres. Y, además, puede que inconscientemente busques a hombres que tengan un perfil parecido al de tu padre. Si tu padre fue autoritario, rígido, poco amoroso, mentiroso, maltratador, etc., y no sanas la herida de abandono que te dejó, puedes terminar manteniendo relaciones con hombres parecidos a él. Pregúntate: «¿Los hombres con los que he estado tienen algo en común con mi padre?, ¿su carácter?, ¿su forma de ser?, ¿su manera de tratar a una mujer?».

Puede que tu padre nunca haya sido un hombre cariñoso que te haya abrazado cuando eras pequeña o que te haya dado besos. O puede que no tuvierais mucho contacto físico en general. Tal vez, por motivos de trabajo, no te dedicara suficiente tiempo de calidad, no jugase mucho contigo, no fuera a verte a las funciones del colegio, no se pasara las tardes ayudándote a hacer los deberes..., en general, que faltase en momentos importantes de tu niñez. También puede ser que tu padre nunca te dijera palabras que hubieran reforzado tu autoconcepto y autoconfianza desde niña, palabras bonitas de afirmación como: «Te quiero, hija»,

«Estoy muy orgulloso de ti», «Lo has hecho muy bien, sigue así», «Eres fuerte, valiosa, guapa, inteligente» o «Confío en ti». O quizá no haya sido un hombre muy detallista; quizá nunca te ha hecho regalos ni haya tenido detalles contigo, como de repente traerte un día a casa una chocolatina porque se había acordado de ti. O, en último caso, tal vez no haya sido una figura en tu vida con la que tú podías contar como, por ejemplo, para recogerte en algún lugar, arreglarte una bici o una muñeca, quizá nunca te preparó la merienda, etc.

Acabo de nombrarte los cinco lenguajes del amor determinados por el Dr. Gary Chapman: contacto físico, tiempo de calidad, palabras de afirmación, regalos y actos de servicio. De estos cinco lenguajes del amor, ¿cuáles crees que tenían tus padres? ¿Y cuál crees que tienes tú? Si tu forma de dar amor es a través de las palabras bonitas y del contacto físico, probablemente sea esa la forma en que tú necesitas recibirlo.

Todas las personas amamos a nuestra manera o en la forma como nos enseñaron, y solemos tener al menos un lenguaje del amor. Eso sí, puede que nuestros padres nos amaran de una forma en que a nosotras no nos llegara ese amor y eso nos haya podido provocar heridas de abandono, de rechazo, de injusticia, de traición o de humillación.

Por eso es importante identificar cuál era la forma de amar de nuestros progenitores, para entender que quizá no es que no te amasen, sino que probablemente no lo hicieron de la forma en que tú necesitabas.

EJERCICIO

Me gustaría que hicieras una lista de cómo tus padres te demostraron amor cuando eras pequeña. Por ejemplo: «Mi padre me iba a buscar al colegio, mi madre me preparaba la merienda y además me ayudaba con los deberes». Puedes guiarte por los cinco lenguajes del amor que he comentado en este apartado.

Estoy segura de que, si haces memoria, recordarás situaciones en las que tus padres te estaban demostrando amor, situaciones que tú no habías identificado como actos amorosos hacia ti. Eso no significa que la relación que tuviste con papá (o tu figura paterna masculina, que puede ser tu abuelo o tu padrastro) no te haya causado sin querer una herida emocional de las cinco existentes: herida de abandono, traición, injusticia, rechazo y humillación.

Inconscientemente, es probable que pidas en tus relaciones con los hombres todo lo que te faltó en la relación con tu padre. Si tu progenitor no te dio atención, afecto, validación... se lo pedirás a tus parejas. Si te faltó escuchar palabras bonitas de tu padre o más contacto físico (abrazos, besos), probablemente sientas que necesitas ambos aspectos en tus relaciones para sentirte amada porque fue eso lo que te faltó de pequeña.

Uno de los impactos más comunes que puede provocarte una herida paterna es la dificultad para tener vínculos sanos en tus relaciones. Por ejemplo, si tuviste un padre que no estuvo disponible para ti emocionalmente y fue más bien un padre ausente, tenderás a elegir a parejas emocionalmente no disponibles, buscando de manera inconsciente sanar la herida original; en pocas palabras: padre ausente = pareja ausente. Si tuviste un padre poco o nada cariñoso o muy crítico, su relación con él puede haberte hecho creer que no eras suficientemente valiosa o merecedora de amor. Lo que va claramente ligado a una baja autoestima y una autovaloración pobre, buscando así la aprobación y validación externa en los demás, especialmente en los hombres con los que te relacionas. Si tu padre le fue infiel a tu madre, fue un hombre en el que no se podía confiar, un mentiroso o alguien que rompía sus promesas, puede que eso te haya provocado dificultad para confiar en tus parejas.

Las heridas paternas también pueden provocarte dependencia emocional con respecto a los hombres o, por el contrario, que evites tener intimidad con ellos para protegerte. En cualquier caso, el miedo más profundo es a que te abandonen, por eso te cuesta poner límites en tus relaciones, aceptando comportamientos dañinos por temor a que te dejen, a que te rechacen o por miedo a una simple discusión. Otro impacto que tienen en las mujeres las heridas paternas es la necesidad de ser perfectas y la autoexigencia, algo que se traduce en la búsqueda constante del éxito como forma de compensar la falta de validación paterna, esperando inconscientemente obtener su aprobación (aunque esto también puede pasar con la herida materna).

Tranquila, no estás sola, esto es mucho más común de lo que crees. Les pasa a muchísimas mujeres en el mundo, a mí incluida. No estás rota. Solo quiero que lo veas, que lo identifiques y que lo aceptes así, tal como es. Lo sé, no es fácil, ni bonito ni justo, pero aquí no somos víctimas, aquí nos hacemos responsables de nuestras heridas, las miramos de frente y las trabajamos. Tus heridas siempre van a estar ahí, pero se pueden curar con tiempo y dedicación. Es muy complicado llegar a la vida adulta sin ninguna herida, la mayoría tenemos alguna; esas heridas forman parte de nuestra identidad.

Déjame decirte que, gracias a tu pasado, te has convertido en la mujer fuerte y valiente que eres hoy. Y que, gracias a todo lo que has vivido (sea bueno o malo), tienes el coraje para salir adelante y que hoy nada ni nadie pueda contigo. Quiero que lo veas y que te aplaudas. Y quizá dirás: «Sí, pero ¿por qué yo?, ¿por qué a mí?». Porque Dios da sus peores batallas a sus mejores guerreros, porque algo tenías que aprender, porque tu padre o tu madre también fueron tus maestros, porque te enseñaron cómo quieres que te amen y cómo quieres amar tú a los demás, y te enseñaron que lo puedes hacer de forma diferente con los hijos que tienes o que tendrás. Y, querida, déjame decirte que esto es una lección de vida increíble. Así que da gracias a tus vivencias y a las lecciones que te han dejado, porque sin ellas no serías el mujerón que eres hoy.

Identificar tu pasado y tus heridas te va a ayudar a entenderlas y a gestionarlas mejor. No sirven para justificar comportamientos (ni tuyos ni de los demás); los explica, pero no los justifica, ¡ojo! Entender y aceptar tu origen y cómo tu infancia y la relación con tus padres te ha influido en tu adultez es una maravillosa forma de crecer y de hacerte más fuerte, porque no todo el mundo tiene el coraje de sentarse frente a sus heridas y mirar de frente el dolor. Obviamente se remueven muchas cosas dentro de tu corazón y no todo el mundo quiere o está preparado para enfrentarse a ello. Puede servirte para ver tu vida con más claridad, para resolver dudas, conflictos contigo misma, con tus padres y, sobre todo, para trabajar la aceptación y el perdón hacia ti misma y hacia ellos. Puede servirte para hacer las paces con esa niña que una vez fuiste y liberarla de la tristeza y el dolor.

EL PERDÓN COMO FORMA DE LIBERACIÓN

Llevar una mirada compasiva hacia mis padres fue la sanación y la liberación más profunda que he hecho en mi vida; fue como si me desprendiera de un lastre de veinte kilos que llevaba sobre mis hombros, un peso que no era mío y que tenía que soltar por mi propio bienestar. Tras realizar mi particular proceso de desarrollo personal y terapéutico, entendí que mis padres también son personas dañadas, que tienen sus propias heridas, y que han tenido una infancia mucho más dura que la mía. Que siempre me amaron a su manera, que siempre estuvieron ahí cuando los necesité, que lo hicieron lo mejor que supieron con las herramientas que tenían, que también se estrenaban en el mundo siendo padres, y que mucho amor me dieron para el poco que ellos recibieron de pequeños. Ellos siempre me quisieron, pero fui yo la que no fue capaz de verlo. Hoy en día, mi visión hacia ellos es completamente diferente, los miro y pienso: «¡Qué suerte tener los padres que tengo porque sin ellos yo no sería esta mujer que soy hoy!».

Tal vez tus padres no son perfectos, pero dime, ¿qué es ser un padre o una madre perfectos? ¿Existen acaso? Puede que sí, pero, sinceramente, creo que todos cometen errores porque, de hecho, errar es humano y eso no les hace peores padres. Piensa en todo lo que tus padres han hecho por ti; tal vez se mataban trabajando para que tú llevaras ropa bonita y tuvieras comida en la nevera, tal vez se esforzaban mucho en Navidad para que te despertaras con regalos al día siguiente o tal vez intentaban que tuvieras un bonito cumpleaños. A veces no somos conscientes de los grandes esfuerzos que nuestros padres hacen por nosotros. Entiendo que quizá sientes rabia hacia ellos o tienes la necesidad de hacerles reclamaciones o sientes que ellos te deben algo, pero, piénsalo, te han dado la vida y se han esforzado todo lo que han podido para que tuvieras una educación, comida, ropa, libros, etc. Y lo han hecho lo mejor que podían dadas las herramientas que tenían.

Cuando perdonamos lo hacemos principalmente por nosotras, y después, por el otro. Lo hacemos desde la compasión, pero siempre mirando por nosotras, para liberarnos emocionalmente, para soltar, para aceptar. Es un completo acto de amor propio. Y no, no significa justificar lo que te hicieron, o reconciliarse con ellos, tampoco minimizar lo que sentiste. Es necesario reconocer y validar ese dolor. Simplemente sirve para soltar el peso del rencor que llevas dentro, el perdón puede ser una manera de soltar esa carga. Repito: no es por ellos, es por ti. Ellos tal vez ni si quiera van a saber que les has perdonado; de hecho, muchas veces les perdonamos incluso cuando ya no están en este plano.

EJERCICIO

Escríbele una carta a papá y otra, en otro papel diferente, a mamá. En un papel escribe el nombre completo de tu padre y enumera todas aquellas cosas por las que sientes agradecimiento (por ejemplo: «Gracias, papá, por la educación que me diste, por haberme criado, por haberme dado ropa, comida», etc.). Todo lo que tengas que agradecerle. A continuación, escribes todo aquello que te produce enfado, rabia, ira..., como te salga, sin piedad (todo lo que creas que le tienes guardado, si es que tienes algo). Y, por último, muestras tu arrepentimiento y le pides perdón (por ejemplo: «Perdóname, papá, por no amarte como mereces, por no haber visto y valorado todo lo que me diste», etc.). Después lee en voz alta la carta y, si te sientes segura, quémala. Cuando termines, haz exactamente lo mismo con la carta dirigida a tu madre.

Liberarnos del pasado y quitarnos esa mochila emocional tan pesada te va a permitir soltar y dejar de identificarte con él. Y, cuando dejas de identificarte con el pasado, dejas de victimizarte y de justificar tus comportamientos. Tú puedes elegir romper ese ciclo y tener un presente y un futuro diferentes, puedes ser la mujer de tu linaje que rompe el patrón. Quédate con los aprendizajes que te han dado tus primeros maestros de vida, tus padres. Y suelta el rencor, la rabia y la ira, que solo te hacen daño a ti y hacen que seas infeliz. Ya sé que la niña que llevas en tu interior quizá esté enfadada con ellos o esté triste —no olvides que los padres no tienen un manual de instrucciones y lo hacen como buenamente pueden, cargando con sus mochilas emocionales—, pero a partir de ahora tú vas a hacerte cargo de ella y vas a ser la adulta que ella necesitó en su día. Tú tienes el poder de hacerlo diferente. Quítale ese poder al pasado, nada de lo que pasó o de lo que hiciste te define a ti ahora, nada puede dañar tu ser ni tu esencia. Quien verdaderamente eres hoy lo eliges tú.

«No soy lo que me sucedió, soy lo que elijo ser».

CARL JUNG

Para finalizar este apartado, quiero decirte que, si sientes que tus progenitores te han hecho demasiado daño, no es necesario que les perdones. Estás en tu pleno derecho de no perdonar a alguien que te ha lastimado, y, además, se puede vivir perfectamente sin hacerlo. Es algo completamente válido y comprensible, y más si sientes que perdonar significa no validar tus emociones. Lo que viviste y lo que sentiste solo lo sabes tú, nadie más lo vivió en tu piel, así que nadie puede juzgarte ni presionarte. Lo que le funciona a una persona puede que a otra no le sirva. No es una ley universal ni es un requisito indispensable para sanar, aunque puede ser para ti una forma de protegerte y de mantener tus límites. Así que te animo a que te escuches, te valides y que encuentres tu propio camino hacia la sanación.

ABRAZAR A LA NIÑA QUE FUISTE

Querida, tú ya eres una mujer adulta, una mujer hecha y derecha, una mujer que trabaja, que estudia, que ha construido una vida y que se siente mayor, pero déjame decirte que una parte de ti siempre va a ser una niña, y menos mal.

Por muy adultas, serias y responsables que nos sintamos, dentro de nosotras vive nuestra niña interior y será así para siempre. Esa niña que una vez fuiste, que está llena de sueños, de curiosidad, de sensibilidad, de vulnerabilidad, es la misma que buscaba —y que a veces no pudo encontrar— amor, seguridad, protección y cariño. Muchas heridas con las que hoy cargas se produjeron en el mundo de esa niña que fuiste, en esos primeros años donde dependías de los demás para sentirte vista, protegida y valorada.

Esa niña sigue necesitándote hoy y siempre. Quizá necesita que la abraces, que le des tu mano, que la protejas o que le digas cosas bonitas. Quizá necesita escuchar que está bien llorar, que está bien expresarse, que está bien ser vulnerable y que está bien no ser perfecta. Es una parte de ti que necesita ser vista, escuchada y validada, porque si la ignoras vas a perpetuar las creencias que alguna vez adquiriste y que no te permiten vivir tu vida libremente. Sin embargo, cuando la vemos, la reconocemos y la validamos, estamos dándole permiso para sanar, para liberarse y crecer junto a ti.

Sanar a esa niña interior no significa culpar a nadie de lo que ella pasó, sino darnos el amor y la validación que ella merecía. Es un acto profundo de amor propio, porque, al cuidar de ella, cuidamos de nosotras mismas en el presente.

En mi caso te diré que fui una niña que siempre se sintió invisible, poca cosa, insuficiente, poco inteligente, fea e incluso un poco fracasada. Fui una niña muy normalita que nunca destacó en nada y que nunca brilló, ni en su casa, ni en el colegio ni en ningún sitio. Es triste, sí, pero así es como se sintió. Después de dedicarle mucho tiempo logré conectar con ella, con sus emociones y pude darle su lugar dentro de mí. Le doy espacio para que sea ella misma, le otorgo visibilidad y la hago sentir importante, le hablo bonito y le doy toda la atención y validación que en su momento le faltó. Es un trabajo precioso que me cambió la visión que tenía sobre mí misma y la forma en que vivía mis relaciones.

EJERCICIO

Me gustaría que respondieras estas preguntas para que puedas reflexionar:

- ¿Qué necesitó tu niña interior que no tuvo? (Por ejemplo: cariño, protección, amor, atención, etc.) ¿Es lo mismo que pides en tus relaciones actuales?
- ¿Qué palabras hubiera necesitado escuchar?
- ¿Qué le hubiera gustado a tu niña interior que sus padres hubieran hecho por ella?
- ¿Qué sueños tenía esa niña que quizá hayas abandonado por el camino?
- ¿Qué estrategias utilizaba tu niña interior para que la vieran y la quisieran?
- ¿Cómo aprendió esa niña a amar?

En este apartado quiero que entiendas lo importante que es la relación entre tu mujer adulta y tu niña interior. La mujer adulta es la que gobierna tu vida, tu parte racional, madura, la que toma decisiones importantes, la que va al trabajo, la que resuelve, la que planifica, la que se ocupa de todo en general. Y tu niña interior es tu parte tierna, vulnerable, sensible, la que quiere llegar a casa y que la abracen, la que quiere ser consentida, la que quiere mimos por las noches, la que quiere divertirse, la que juega y la que monta rabietas por tonterías. Y ambas deben tener su espacio en ti y disfrutar de un equilibrio entre ellas, no pueden vivir la una sin la otra. La mujer adulta siempre cuidará y atenderá a tu niña, y le dará todo lo que le faltó en su infancia, como si fuera literalmente su madre, esa es su labor.

Te invito a dedicarle una tarde entera a tu niña interior y dejarla libre para que sienta que tiene su espacio para ser, y así no intentar gobernar tu vida y tus relaciones. Y ahora te pregunto: ¿qué actividades suelen sacar a la luz la niña interior que llevas dentro? ¿Qué cosas le hacen feliz a tu niña interior que puedes hacer hoy por ella? Por ejemplo, a mí me sale mi lado infantil cuando voy a un cumpleaños, cuando voy al cine y como palomitas, o cuando voy al parque con mi sobrina y comemos chuches juntas. Reflexiona y conecta con tu niña interior y date cuenta de lo que a ella le hace feliz. Después, dale una tarde libre y haz algo por ella. Te aseguro que te lo agradecerá enormemente y se afianzará la conexión entre vosotras.

EJERCICIO

Recupera una foto de cuando eras pequeña y llévala siempre contigo o póntela de fondo de pantalla en el móvil.
Diariamente haz el siguiente ejercicio (durante dos semanas):

1. Mírala a los ojos y conecta con ella y sus sentimientos.
2. Mantén la mente en blanco mientras la miras al menos durante dos minutos.
3. Comienza a mimarla todos los días y dile cosas bonitas. Por ejemplo: «Te quiero», «Eres valiosa», «Estoy aquí contigo», «Te abrazo», «Nunca te voy a abandonar».

Por nada del mundo puedes abandonar a tu niña interior, es una parte de ti que necesita mucha atención y mucho amor. Si alguna vez se sintió triste, sola o abandonada, o si tiene recuerdos dolorosos, ahora está a salvo contigo porque tú puedes protegerla. Todo lo que ella sintió es válido y está bien sentirlo. Y, si le faltó algo —como por ejemplo validación, seguridad o amor—, ahora tú, desde tu parte adulta puedes dárselo.

LA HISTORIA DE PAULA

Paula es una mujer de treinta años proveniente de una familia humilde y numerosa. Ella fue una niña que se sintió siempre invisible y poca cosa. Sus padres han tenido toda la vida una relación muy tóxica en la que las peleas, los insultos y el maltrato en general eran el pan de cada día. Tenían demasiados problemas de dinero y muchos temas por los que discutir. Al igual que se peleaban sin parar, se reconciliaban más tarde con rapidez como si nada hubiera pasado, sin importar el impacto que esta discusión hubiera tenido en sus hijos. De manera que ella aprendió que el amor era una montaña rusa y que perfectamente se podía tirar la casa por la ventana un día y a la mañana siguiente estar de nuevo en una nube.

Desde que Paula tiene uso de razón ha presenciado y escuchado cómo su padre maltrataba a su madre, tanto física como, sobre todo, psicológicamente. Presenció durante infinidad de noches cómo sus padres se levantaban de madrugada para discutir gritando a pleno pulmón sin importarles si ella y su hermana dormían o si al día siguiente tenían colegio. También vio cómo se pegaban, se empujaban, etc.

La relación de codependencia y de maltrato que Paula vivió durante toda su vida en casa se convirtió para ella en algo normal; ella aprendió que eso era el amor y que las relaciones se vivían de esa manera. El hombre era agresivo y maltratador y la mujer era sumisa y tenía que aguantarlo todo con tal de no estar sola. Tenía tan normalizado el maltrato y el abuso emocional que con treinta años había tenido ya un total de cinco relaciones en las que se repetían los mismos patrones que se daban en la relación de sus padres. Es decir, había tenido relaciones de maltrato y abuso. Solo había mantenido una relación sana durante un año con un chico al que terminó dejando porque le parecía aburrido y no le hacía sentir nada.

En sus relaciones, Paula soportó insultos, control, celos

obsesivos, manipulación, castigos, infidelidades y hasta maltrato físico por parte de sus parejas. Tenía tan asumido que el amor iba de la mano del sufrimiento, porque eso es lo que ella aprendió durante años, que había normalizado estos comportamientos. Había sido durante mucho tiempo una mujer maltratada, dependiente, con baja autoestima, atrapada en ciclos de relaciones tóxicas, exactamente igual que su madre.

¿Qué emociones te provoca la historia de Paula?

¿Te identificas con alguna parte de su historia? Si es así, ¿con cuál y por qué?

¿Qué crees que influyó más en las decisiones de Paula sobre sus relaciones?

¿Existen patrones o comportamientos que hayas aprendido de tus figuras de referencia en la infancia?

¿Cómo crees que la relación de tus padres ha influido en tus relaciones?

¿Qué ideas o patrones sobre el amor crees que podrías cuestionar o desaprender?

Si fueras amiga de Paula, ¿qué le dirías sobre su situación?

Si en algún momento has sentido que te identificas con Paula, ¿qué palabras de aliento te darías hoy a ti misma?

CAPÍTULO 3

AHORA TE TOCA A TI: EL PODER DE LA AUTOESTIMA

El Diccionario de la Real Academia Española (RAE) define la autoestima como la «valoración generalmente positiva de sí mismo». Y, si buscamos en la Organización Mundial de la Salud (OMS), la autoestima se describe como la dualidad entre autoimagen (es decir, la percepción que tenemos sobre nuestro aspecto físico) y autoconcepto (la opinión que formamos sobre nuestras habilidades, valores y creencias). También apunta que una autoestima saludable implica una armonía entre estos dos componentes, permitiéndonos enfrentar la vida con confianza y resiliencia.

En resumen, es la forma como te ves a ti misma, el valor que crees que tienes como persona y el que, por lo tanto, te das: si te ves pequeñita o te ves grande, el respeto que te otorgas y el que pides a los demás.

Rescatando la definición de la OMS es importante incidir en la diferencia entre autoimagen y autoconcepto porque muchas veces las personas confundimos estos términos y pensamos que tener una buena autoestima es tener una buena autoimagen, es decir que te mires al espejo y te guste lo que ves. Y sí, esto forma parte de quererse a uno mismo, pero no exclusivamente; si así fuera, nos estaríamos quedando solo en la superficie.

Hay personas (porque ya no hablo solo de mujeres) que se gustan mucho físicamente y creen que tienen alta la autoestima porque incorporan el *skincare* en su rutina o van al gimnasio, cuando en realidad eso es autocuidado. Repito, hacer solo esto para tener una autoestima alta sería quedarnos únicamente en la superficie. Y es realmente importante dedicarnos momentos de mimo y de calidad como son estos dos que acabo de mencionar y que forman parte de unos hábitos saludables —especialmente, el deporte es salud y siempre nos hará sentir mejor—, pero tú puedes cuidar muchísimo tu físico, verte estupenda por fuera y sentirte fatal por dentro. También puede ocurrir lo contrario, personas que por ciertos motivos no se gustan tanto físicamente porque quizá no encajen en un canon de belleza establecido, pero que, sin embargo, por dentro se sienten superbién porque tienen un buen concepto de sí mismas y saben perfectamente su valor como personas. Obviamente, lo ideal sería lograr un equilibrio entre ambas (autoimagen y autoconcepto), pero está claro que no siempre es así. Además, nunca se llega a tener mucha autoestima, dado que esta no tiene fin; no es un estado fijo al que se llega y se mantiene para siempre, sino una relación continua con una misma que requiere cuidado y atención.

La autoestima no es un destino, sino más bien un viaje.

También he de decirte que la autoestima no es lineal, sino fluctuante. Es decir, tal vez no te quieras igual todos los días, algunos sientes que te quieres mucho y otros un poquito menos, y no pasa nada, es normal. Hasta la mujer más empoderada duda en algún momento de sí misma y siente inseguridad.

Y te preguntarás: «¿Y de qué depende que yo tenga alta o baja autoestima?». Pues de varios factores, tanto internos como externos. Te explico brevemente los más importantes:

- De tus experiencias de la infancia: esto ya te lo imaginabas, dado que seguro que te has leído el capítulo anterior. Las primeras experiencias que viviste siendo pequeñita con tus padres, cuidadores o incluso tus maestros pueden influir mucho. Si creciste en un entorno que te brindó amor, apoyo y validación es más probable que desarrolles una autoestima saludable. En cambio, si creciste entre críticas, abuso, falta de afecto, etc., esa experiencia puede haber influido en que tengas un bajo nivel de autoestima.
- De tus relaciones y tu entorno social. Las personas de las que te rodeas influyen mucho en cómo te ves a ti misma. Si te relacionas con personas que te respetan, te cuidan, te apoyan y te valoran, esto fomentará un sentimiento de bienestar contigo misma. Sin embargo, si te rodeas de personas que te minimizan, te faltan al respeto, te invalidan o, en general, estás rodeada de personas tóxicas o dañinas, eso puede desgastarte emocionalmente hasta el punto de perder la autoestima que ya tenías. El entorno puede empujarte hacia arriba o hacia abajo. Y tu entorno puede ser tu familia, tus amigos, tus compañeros de trabajo o tu pareja. Pasamos mucho tiempo en sociedad compartiendo la vida con personas, por eso es importante saber de quién te ro-

deas y analizar cómo te sientes después de haber pasado un rato con ciertas personas, porque puede que vuelvas a casa brillando y con una sensación muy buena, o que lo hagas con ansiedad y malestar en general.

- De tu diálogo interno y la forma como te hablas. De esto voy a hablar más extensamente en otro apartado, pero déjame hacer un pequeño inciso para decirte que la forma en que te hablas a ti misma influye directamente en tu autoestima. Si constantemente te criticas, dudas de ti, te hablas mal, te castigas y te comparas con los demás, tu autoestima se terminará derruyendo. Tener un diálogo bonito, compasivo y positivo contigo misma es clave para tu amor propio.
- De tu autocuidado personal. Atender tus necesidades físicas y no ponerte siempre la última en la cola. Descansar, alimentarte bien, hacer ejercicio, poner límites, dedicarte tiempo a ti... son aspectos que reforzarán tu autovaloración, tu sentimiento de merecimiento. Si antepones siempre las necesidades de tu pareja, de tus hijos, de tu madre, etc., y siempre dejas las tuyas para después, tu autoestima se verá afectada negativamente con el tiempo.
- De tu gestión emocional y tu resiliencia. Saber manejar las emociones; superar desafíos; celebrar los logros; aceptar los fracasos, los rechazos, los noes, etc., te ayudará a fortalecer tu autoestima. Ser resiliente hará que no te identifiques con tus errores o fracasos, sino que vivas desde la aceptación y enfocada en el aprendizaje que te otorgan las experiencias de la vida.
- De tus creencias y sistema de valores. Tus creencias sobre lo que eres y lo que mereces determinan cómo te valoras.

Es importante que detectes las creencias limitantes que están establecidas en ti. Porque tú vives y actúas en función de esas creencias y estas pueden condicionarte más de lo que crees. Si, por ejemplo, vienes de una familia humilde con pocos recursos económicos y te inculcaron que ganar mucho dinero es muy difícil y que lo que hay que hacer es conformarse con un sueldo medio porque no se puede aspirar a más, te aseguro que tu economía se verá influida por esa creencia, porque el mensaje que hay detrás es que tú no eres capaz o no te mereces ganar mucho dinero. Y todo esto puede contribuir a tener una autovaloración y un sentimiento de merecimiento pobres.

En mis sesiones a diario con mis clientas siempre les digo esta frase: «La autoestima es como una escalera que vas subiendo peldaño a peldaño a lo largo del tiempo», es un trabajo que construyes a través de tus acciones y decisiones. Y, cuando logras tener una autoestima sana y equilibrada, esta se ve reflejada en todos los ámbitos de tu vida: trabajo, amistades, pareja, familia, etc.

Cuando mis clientas llevan un tiempo trabajando en sí mismas y empiezan a elevar su autoestima me cuentan: «Es que de repente todo me está yendo mejor, tengo amistades de mejor calidad, en mi trabajo me siento más respetada y valorada, y con mi pareja he dejado de sentir inseguridades». Digamos que tener un buen nivel de amor propio se proyecta en todas las áreas de tu vida y que el engranaje empieza a funcionar mejor y más fluido. Por eso digo que es como un poder, porque te da la capacidad de tomar mejores decisiones dado que crees en ti y te sientes merecedora de cosas buenas. Tener una alta autoestima nos ayuda a tener relaciones más sanas, a establecer límites y a alejarnos de personas dañinas, nos impulsa a alcanzar nuestras metas y, en general, a construir una vida con más plenitud, satisfacción y felicidad.

EJERCICIO

Para ir adentrándonos y saber cómo está tu autoestima en este momento, te invito a que respondas a estas preguntas:

- ¿Sientes que no eres suficientemente buena en lo que haces?
- ¿Te cuesta aceptar cumplidos o incluso los rechazas cuando te los dicen?
- ¿Eres capaz de ver tus logros y éxitos y celebrarlos?
- ¿Te cuesta tomar decisiones porque dudas de ti?
- ¿Te preocupa mucho lo que los demás digan o piensen de ti?
- ¿En qué porcentaje del uno al cien te gustas cuando te miras al espejo?
- ¿En qué medida te sientes merecedora de todo lo que tienes?

«SI NO TE QUIERES TÚ, NADIE TE VA A QUERER»

Quizá como mujer, como persona y como *coach*, esta es la frase que más me molesta en el mundo. Puede que la hayas escuchado a lo largo de tu vida porque es una frase mítica que une el amor propio con las relaciones. Esta frase no es cierta y, por favor, tenemos que dejar de decirla y sobre todo de creerla. Las personas que tienen baja autoestima tienen el mismo derecho a ser amadas, respetadas y valoradas que las personas con la autoestima alta. De hecho, las personas con poco amor propio son las que más amor necesitan de los demás. Y, por si fuera poco, esta frase afianza más aún la idea de que las personas con baja autoestima no se merecen que las quieran porque ellas mismas no se quieren, lo que les genera aún más inseguridad y malestar. Así que basta. Además, sí que se puede amar a personas con baja autoestima; yo misma he amado a hombres que no se querían a sí mismos o que eran muy inseguros. En el pasado, cuando yo no me amaba a mí misma, hubo hombres que me quisieron; de hecho, puedes tener relación con personas maravillosas que te potencien y te ayuden a quererte más a ti misma.

> Una persona que te quiere bien hará que te quieras más, nunca menos.

Bastante complicado es ya tener poco amor propio como para que encima te digan esta frase. Es como si llevara este mensaje implícito: «No eres digna de amor, porque ni tú misma te amas». Y es muy injusto pensar eso.

Eso sí, debo aclararte algo. Cuando tenemos una alta estima hacia nosotras mismas, nos respetamos y nos damos el valor que merecemos, tenemos menor tendencia a mantener relaciones tóxicas o a elegir a personas que nos hagan daño. Cuando tú no te quieres lo suficiente, una parte de ti no se va a sentir suficiente ni merecedora de amor. Por lo tanto, si topas con hombres dañados, narcisistas, manipuladores, maltratadores, etc., es muy probable que potencien en ti esa creencia de no ser merecedora de amor y respeto. Porque, si alguien te trata mal, te menosprecia, te insulta, etc., te parecerá familiar o conocido si tú también te tratas mal, te hablas mal y te menosprecias a ti misma de algún modo; o porque puede que en el pasado alguien lo hiciera y se creara en ti esa baja estima hacia tu persona.

Por lo tanto, si tú te quieres bien, te aceptas, conoces tu valor, sabes quién eres, lo que quieres, lo que necesitas y, en general, tienes un buen concepto de ti, es más probable que elijas mejor con quién compartir tu vida (en todos los ámbitos) y que construyas relaciones más sanas con personas que te tratan como te tratas tú a ti misma. Te pongo un ejemplo: si tú te dices a ti misma en el espejo: «Soy fea, jamás me voy a ver bien» o «Estoy gorda, doy asco» y escuchas a tu pareja decirte alguna vez: «Hija, qué mal te queda ese peinado», «Te has maquillado como una puerta, no me gusta» o directamente: «Hoy estás fea», esas palabras van a sonarte como algo familiar porque quizá son las que te dices a ti misma cada vez que te miras. Por eso puede que te quedes ahí, porque ya sabemos que el cerebro se queda en lo conocido, en lo que le resulta familiar y cómodo, y porque puede que tú misma pienses eso de ti, que ese sea tu diálogo interno. Ahora bien, si tú te hablases bonito cada vez que te mirases en el espejo y dijeras: «Qué guapa estoy hoy» o «Bueno, hoy tengo mala cara porque he dormido mal, pero sé que es pasajero y que soy una mujer muy atractiva igualmente» (porque habrá días que te veas espectacular y otros menos) o directamente: «Vaya pibón soy», te puedo asegurar que saltaría en tu cabeza a todo volumen una alarma roja que te haría salir corriendo si tu pareja o un hombre al que estás conociendo te dijera las frases negativas anteriores porque esas palabras te chocarían muchísimo, no te resultarían familiares porque ese no es tu diálogo interno. Dirías: «¿Si yo me hablo bonito y me trato bien, por qué voy a estar con alguien que no lo hace?».

Pero, ojo, el hecho de que tengas baja autoestima o te hables feo no quiere decir que no puedas encontrar, como ya he dicho, a una persona sana que te ame tal como eres y con la que puedas construir un vínculo precioso, porque, repito, te lo mereces. En resumen: una buena autoestima puede ayudarte a elegir mejor, pero siempre va a haber personas bonitas que te van a amar, aunque tú no lo hagas; son personas que te ayudan a quererte más, a sentirte mejor, a creer en ti y, sí, puedo asegurarte que existen de verdad.

Por eso hago hincapié en lo importante que es la autoestima si queremos tener relaciones más sanas y bonitas, porque nos permitirá elegir desde el amor y no desde el miedo; desde la abundancia y no desde la carencia. Nos permite realizar una verdadera elección desde las ganas y no desde la necesidad de que nos quieran y de que alguien de fuera nos dé el amor que no nos damos nosotras; de que alguien te ame porque tú no sabes hacerlo; de que elijas tú y no tu herida. Y también de que elijas a las personas por su verdadera esencia y su ser, no por el vacío que necesitas cubrir. La autoestima es como un detector de *red flags*, sin ella te costará más verlas o las pasarás por alto porque te conviene mantener ese vínculo para recibir un poquito de amor y de atención. Te aseguro que cuando empiezas a quererte y tienes citas para conocer a hombres —si realmente quieres conocer al chico y no solo saciar tu sed de amor—, escucharás pitidos en tu oído como si fueran una alarma roja cada vez que él se comporte o diga cosas que realmente no te gustan y que no están alineadas con tus valores, uno de ellos el amor y el respeto hacia ti misma.

Te juro que es un detector que no falla y que no te quedarán ganas de seguir ahí, vas a querer salir corriendo. Dejarás de justificar acciones y palabras como quizá has hecho alguna vez (tú y todas): «Bueno, no pasa nada, nadie es perfecto», «Pobrecito, seguro que estaba nervioso», «Bueno, quizá estoy exagerando». No, querida, todas esas *red flags* que pasas por alto hoy te aseguro que después salen con más fuerza y, además, con frecuencia son el mismo motivo de la ruptura. Es cierto que algunas personas en las primeras citas fingen muy bien y no se muestran como realmente son, pero en la mayoría de las ocasiones ya pueden verse muchos aspectos positivos y negativos de la persona, que será más sencillo que detectes si estás en una situación de amor hacia ti misma.

LA FORMA COMO TE HABLAS A TI MISMA

Ya te adelanto que el diálogo interno que tienes puede ser tu mejor amigo o tu peor enemigo. Seguramente, ya lo sabías: la cuestión es si lo practicas o no.

Si puedes usar tu diálogo interno para destruirte, ¿por qué mejor no lo usas para construirte? Sé que esto puede sonar muy tópico, pero es literalmente así. Muchas personas se hablan mal a diario y solo consiguen autodestruirse y convertirse en su peor enemigo, cuando podrían utilizar ese diálogo para todo lo contrario, para sentirse mejor y crear una relación amorosa con ellas mismas.

Si algo he aprendido a lo largo de los años, tanto por la propia experiencia como por la profesional, es que las mujeres somos especialmente duras con nosotras mismas. Somos juezas de nuestra vida, estamos literalmente con la peluca blanca y el mazo criticando lo que hacemos y lo que no hacemos. Nos fustigamos pensando que nunca seremos suficientemente buenas madres, novias, esposas, hijas, profesionales, etc., pensando que, en general, nunca seremos suficientes en nada. ¡Qué injusto para nosotras tratarnos así, ¿no?! Si tú no te portas así con las personas que quieres, entonces, ¿por qué lo haces contigo? Imagino que sabes la respuesta. Por ejemplo, imagínate que a tu pareja se le cae un cuchillo untado de paté al suelo y lo deja todo pringoso, ¿tú qué le dirías? ¿Le gritarías que es un torpe e inútil que no sirve para nada o le tratarías con amor diciéndole que no pasa nada y que se limpia y ya está? ¿Le harías sentir mal con tus palabras? Seguramente no porque le amas, igual si fuera tu madre o tu hermana, ¿verdad? Pues ese mismo trato es el que tú mereces tener contigo misma.

La primera relación de amor que deberías tener es contigo, tienes que ser tu propia novia y amarte como si no hubiera un mañana. Por si te sirve, cuando empecé a cambiar mi diálogo interno decidí ponerme un mote cariñoso y tratarme como si tuviera una relación de noviazgo conmigo. Comencé a llamarme «amor», «mi vida», «bebé»..., apelativos cariñosos que yo siempre he usado con mis parejas, pero que nunca me había dicho a mí misma. Cambié las palabras feas que solía decirme —como «torpe», «fea», «gorda» y otras tantas que prefiero no recordar y que me hacían sentir muy pequeña— por esas otras más amorosas. Empecé a tener más paciencia conmigo misma y a mostrar mayor compasión por mí cuando me equivocaba y a decirme las palabras que le diría a una persona que quiero cuando se equivoca, por ejemplo: «Tranquila, no pasa nada, ha sido un accidente», «Eres humana y estás aprendiendo», «Lo estás haciendo lo mejor que puedes y sabes», «Es normal que te sientas así, no podías saber lo que iba a pasar» y otras tantas frases hermosas que te aseguro que me hacían sentir infinitamente mejor que cuando me decía: «Qué tonta eres, no sabes hacer las cosas», «No sirves para esto», «Nadie te va a querer así», «Eres una inútil», «No te mereces cosas buenas». Solo me faltaba sacar el látigo y darme con él en la espalda hasta sangrar, porque el mensaje que me decía a diario era que yo no era merecedora de amor y respeto porque yo no era válida ni suficiente. Qué cruel, ¿no? Ni tu peor enemiga te habla así.

EJERCICIO

Encuentra un espejo en tu casa, a ser posible donde puedas verte de cuerpo entero, que esté en un espacio tranquilo y privado.

Ponte frente al espejo y haz tres respiraciones profundas para conectar contigo. Mira tus ojos en el espejo durante al menos uno o dos minutos. Al principio te sentirás incómoda, pero es importante que te aguantes la mirada. Siente lo que surja sin juzgar.
Di en voz alta tu nombre y una afirmación poderosa. Por ejemplo: «María, eres valiosa, eres suficiente, eres guapa», «Soy merecedora de respeto y amor», «Me elijo a mí misma cada día». Usa las afirmaciones que más resuenen contigo, aunque todavía no las creas.
Identifica las voces internas negativas y responde: ¿Qué pensamientos negativos aparecen? ¿Quién o qué los ha originado? ¿Son realmente ciertos o aprendidos? Escribe en tu cuaderno lo que te vaya surgiendo.
Transforma esos pensamientos y reescríbelos. Por ejemplo: si piensas «nunca seré suficiente», reescríbelo como «soy más que suficiente simplemente por ser quien soy». Reescribe cada pensamiento y repítelo en el espejo.
Ten un gesto de amor contigo misma, acaríciate la cara, abrázate, dale un beso al espejo, sonríete. Siente la emoción de recibirte a ti misma con amor, aunque te sientas rara al principio.
Repítelo al menos durante veinte o treinta días y después escribe en tu cuaderno cómo te sientes y qué pensamientos han cambiado.

EL PODER DE SER TÚ: ALGO QUE NADIE PUEDE QUITARTE

Si hay algo que he aprendido (y que sigo aprendiendo) a lo largo de la vida es a reconocer y apreciar mi propio ser. Tu ser y tu espíritu vienen a ser lo mismo, algo innato que está dentro de ti y que no cambia bajo ningún concepto, independientemente de lo que pase en tu vida. Es tu esencia, es algo que nadie va a quitarte, que va unido a tu valor como persona, el valor que tienes simplemente por existir. En este apartado voy a profundizar más en el plano espiritual porque es totalmente necesario si queremos trabajar de una forma más profunda y bajar a la base sumergida de tu iceberg.

Tuve una maestra de *mindfulness* y gestión emocional que me enseñó a diferenciar entre el espíritu, el alma, la mente y el cuerpo. Si te has leído el libro *El poder del ahora* tal vez te resuene todo lo que te voy a contar en este apartado. Voy a hablarte un poco más de cada uno para ponerte en contexto.

- El espíritu es básicamente tu ser superior, tu esencia, algo que está de forma permanente en ti. Se conoce también como el observador, como si tu ser más poderoso te mirase desde arriba (un plano superior) y observase todo lo que haces en tu vida.
- El alma se relaciona más con todas tus emociones, con todo lo que sientes. Es tu parte más sensible y vulnerable.
- La mente son tus pensamientos. Es el «tengo que», la parte que va unida a las decisiones.
- El cuerpo físico es donde habita tu mente y tu alma, pero no tu ser superior.

Sí, ya sé que todo esto puede sonarte a chino y no pretendo en este libro profundizar demasiado en estos términos, pero sí quiero dedicarles un espacio para que conozcas algunos conceptos y puedan serte de utilidad. Cuando yo los aprendí, me sirvieron para transformar la forma de verme a mí misma y de ver mi vida.

Tener una conexión con tu ser interior es una forma de trascender y, sobre todo, de relativizar todo lo que pase en tu vida. Es una forma de quitarle importancia a todo (o casi todo) y entender que, pase lo que pase y sea cual sea la situación de vida que tengas ahora mismo (no es lo mismo tu vida que tu situación de vida), eso no va a afectar a quién eres tú, a tu ser. ¿Y por qué te cuento esto? Porque quiero que dejes de identificarte con lo que te sucede en la vida. Voy a ponerte un ejemplo sencillo para que lo entiendas: imagina que la vida es un videojuego que se divide en diferentes pantallas, puede que en algunas estés mucho tiempo porque son más difíciles de superar y tienen pruebas más complicadas, pero siempre pasarás de pantalla. Quien está metido en ese videojuego es tu avatar; es quien trabaja, quien se enamora, quien es madre o padre, quien tiene un negocio, quien sufre, quien llora, quien ríe y disfruta, etc. Y tu ser superior es quien está mirando desde arriba ese videojuego, viendo cómo ese avatar participa el juego de la vida, hasta que termina. Y al ser superior (el observador) no le afecta ni se identifica con lo que sucede en el juego, sea lo que sea, porque él va a seguir siendo quien es y seguirá teniendo el mismo valor. Si el avatar sufre un desamor porque alguien lo ha dejado, al ser superior no le afecta; si al avatar lo han despedido del trabajo, al ser superior no le afecta; si al avatar no le ha ido bien en su negocio, al ser superior tampoco le afecta. Porque la vida es solo un juego, y el juego es para divertirse, aunque a veces haya pantallas incómodas de superar. Mi avatar en este momento está en una pantalla en la que está escribiendo un libro, pero si este libro no se vende o no va bien, a mi ser no le va a influir porque yo no me identifico con mi avatar ni pongo mi valor personal en él. Mi avatar ahora mismo disfruta de una relación amorosa, pero si el día de mañana me dejan, a mi ser superior no le afectará porque yo no soy mi avatar y mi valor no se va con la persona que me dejó. Mi ser y mi valor son naturalmente míos, son intrínsecos.

Por eso decía que no es lo mismo tu vida que tu situación de vida. Tu vida es quién eres tú, lo que sientes, lo que sueñas, y eso tiene que ver con tu ser. Tu situación de vida, en cambio, es lo que estás atravesando ahora. Es temporal, es cambiante y no te define. Son esas pantallas que vas atravesando en el videojuego.

Con esto quiero decirte que ahora mismo solo estás jugando el juego de la vida y que lo estás haciendo en una de las muchas pantallas que encontrarás. Por eso se dice que puedes vivir muchas vidas dentro de una vida. No te identifiques con las pantallas, ni con lo que pase dentro de ellas ni con el jugador (el avatar) porque tu espíritu o tu ser te miran desde arriba diciéndote: «No le des tanta importancia, que esta pantalla también la pasarás», «No eres lo que te está pasando», «No eres lo que estás pensando ni lo que estás sintiendo, simplemente ERES».

Y, si tienes una desconexión muy grande con tu ser, vas a sentir un enorme vacío que tratarás de llenar con cosas externas, como una pareja, una profesión, cosas materiales u objetos lujosos, pero he de decirte que los vacíos del ser no se llenan con el tener. Y esta frase espero que te resuene como me resonó a mí.

Nadie puede ser tú, querida, eres única en el mundo. Tu ser es extraordinario e irrepetible. Y ese es precisamente tu poder. Absolutamente nadie va a quitarte eso. Y, por ese mismo motivo, eres merecedora de todo lo bueno. Así que no te identifiques con tu profesión, con tus relaciones, con tus logros o fracasos, porque tú eres mucho más que eso y quiero que lo tengas muy presente a partir de ahora.

EJERCICIO

Escribe en tu cuaderno las siguientes preguntas y respóndelas:

- ¿Qué cosas me hacen única e irrepetible en el mundo?
- ¿Qué tengo yo que nadie más tiene?
- ¿Qué tres cualidades amo de mí?
- ¿Qué le ofrezco yo al mundo?
- ¿Cuáles son los valores y principios por los que me guío?
- Si mi ser superior me observara a mí misma desde fuera y viera la vida que llevo, ¿qué me diría?

EL RELATO DE MARTA

He conocido a un chico por Tinder. Tiene treinta y dos años y vive en un pueblo cerca de Barcelona. ¡Guau, está tremendo, es mi prototipo físico cien por cien! Es moreno, fuerte, alto y con barba. Se ve que va a menudo al gimnasio y que se cuida mucho en general porque en las fotos sale hecho un pincel, superarreglado, bien peinado, bien vestido y casi puedo sentir el olor de su colonia porque estoy segura de que huele superbién. ¡Dios, qué ganas de tener esa cita! Llevamos hablando ya una semana por WhatsApp y por fin hemos quedado este viernes para cenar. Va a llevarme a un restaurante que nunca he ido que parece superchulo y supercaro. Esa es otra, parece que le va bien económicamente porque es ingeniero y en sus fotos sale con un buen coche. Un partidazo, vaya.

La cita ha sido increíble, el tío, como ya sabía, está buenísimo, me ha tratado como a una reina y la cena ha sido brutal, obviamente me ha invitado él. Después hemos ido a un local a tomarnos una copa y hemos pedido una cachimba. Todo lo ha organizado él, ¡guau, cuánta energía masculina! ¡Me encanta! Ha habido mucha conexión física y mental, y finalmente nos hemos besado en el coche cuando me ha dejado en casa. ¡Besa genial! Sin duda, este es el chico que buscaba, no he visto ninguna red flag.

Ya llevamos dos semanas quedando, todas las citas han ido superbién. Un día fuimos a comer sushi y a pasear, y la semana pasada me invitó a cenar y a dormir en su casa. El sexo fue increíble. Creo que es el chico que quiero para tener una relación, aunque él hace cuatro meses que dejó a su ex y aún siguen hablando. Dice que mantienen el contacto porque son amigos y porque siente pena por ella porque la chica está todavía afectada intentando superar la ruptura. Lo que no me gustó es que me dijera que el otro día su ex lo llamó por teléfono y le preguntó si él había conocido a alguien. Él le dijo que sí, pero aun así me parece que ella tiene mucha confianza con él como para sentirse cómoda llamándole y preguntándole eso. De todos modos, yo no le he dicho nada porque no me siento en la condición de hacerlo ya que llevamos muy poco tiempo conociéndonos.

Han pasado tres semanas desde que nos conocimos y yo me he marchado unos días a mi ciudad a ver a mi familia. Él ayer salió de fiesta con sus amigos y dejó de contestar mis mensajes desde las cinco de la tarde hasta las dos del mediodía siguiente. Yo he estado muy rayada pensando que pasaba de mí o que a saber qué estaba haciendo. Me podría haber escrito, ¿no? Apareció al día siguiente supercariñoso, como si nada, pero yo, para hacerle sentir mi malestar, le he contestado seca y borde, y además le he dicho que no me parecía bien que desapareciera de esa manera. No me ha gustado mucho su respuesta porque se ha puesto un poco a la defensiva y parece que se ha agobiado, así que lo he dejado pasar. Solo ha sido un día y creo que no tiene por qué pasar más.

Después de un mes y medio quedando, me he dado cuenta de que no me ha presentado a nadie de su entorno, ni a un solo amigo, y él ya conoce a todas mis amigas. También veo que hablamos todos los días, pero cada vez tarda más en contestar mis mensajes, a veces hasta ocho horas. No sé, me parece un montón de tiempo porque yo le extraño, pero, claro, es ingeniero y trabaja mucho, no quiero agobiarle con eso, no vaya a ser que mi intensidad estropee lo que tenemos. En realidad, cuando nos vemos estamos superbién y eso es lo que importa, además hay días que apenas contesta, pero de repente me propone vernos y se presenta en mi trabajo, así que todo bien.

Él me ha dicho claramente que tiene ganas de tener una relación y que yo soy una persona en la que ve potencial como para construir algo, que soy el perfil de mujer que él busca. Obviamente eso me ha encantado y me hace sentir supervaliosa, porque él también me encanta a mí. Pero es cierto que lo que dice a veces no es coherente con lo que hace, últimamente no nos estamos viendo tanto, ya no me propone tantos planes y siempre estoy esperando al final del día a ver si aparece y salimos. Es verdad que luego nos vemos y estamos muy bien, pero lo noto más ausente, más distraído.

Después de tres meses juntos, ya me está diciendo que en realidad él y yo no somos nada, que no le pongamos etiquetas a nuestra relación y que mejor ir viendo qué pasa, que se agobia. De hecho, el otro día discutimos por teléfono porque le dije que yo no quería una relación así, que yo pensaba que los dos queríamos construir algo consistente, pero que la relación que teníamos no parecía fluir. Después de esta discusión desapareció un fin de semana entero. Antes de colgar me dijo que necesitaba un rato para calmarse y que después me volvería a llamar, pero no lo hizo. El lunes por la tarde, después de verle feliz en sus historias de Instagram, decidí escribirle porque yo estaba con mucha ansiedad y muy triste, y necesitaba hablar con él. Al final hemos hecho las paces y he accedido a seguir con la relación. No es lo que yo quiero, pero tengo miedo a perderle porque me gusta mucho; además, creo que si seguimos viéndonos puede cambiar de opinión o se puede enamorar de mí cuando me conozca de verdad.

Después de dar mi brazo a torcer, se ha ido de vacaciones con sus amigos y no ha dado señales de vida desde hace tres o cuatro días. A saber lo que está haciendo. Dios, me siento fatal, como una estúpida, tengo una rabia y una tristeza dentro que no me deja trabajar ni hacer mi vida normal. No paro de llorar todas las noches cuando miro su Instagram y veo lo bien que se lo está pasando, a todas las tías que está conociendo en ese viaje y lo poco que se acuerda de mí. Me siento superpequeña, superinsuficiente y muy mal conmigo misma. Tengo que cortar esto.

A la vuelta de su viaje y después de una discusión fuerte por WhatsApp, lo mandé a la mierda. Él me dijo que estaba en Barcelona de vuelta y que, a pesar de que nuestra relación se había enfriado, quería verme. Lo puse en su sitio y le dije que no, pero se lo tomó fatal y me borró de sus redes sociales y me bloqueó en WhatsApp. Y así terminó, con unas palabras feas, con reclamaciones, con bloqueos y mucho dolor. Siento que me ha dejado muy marcada este «casi algo», porque esto ha sido: un «casi algo». Tal vez lo agobié demasiado, o tal vez él en realidad nunca había pensado en elegirme.

¿Qué límites crees que tendría que haberle puesto Marta a este chico?

¿Qué cosas crees que no tendría que haber aceptado Marta en esta relación? ¿Por qué?

¿Te sientes identificada con ella en alguna parte de su historia? ¿Con cuál y por qué?

Creo que todas alguna vez en la vida hemos sido Marta. Vivimos en la era de los «casi algo» en la que nadie quiere comprometerse ni responsabilizarse. Y muchos, cuando dicen que quieren hacerlo, no saben que para obtener la parte buena de una relación tienen primero que renunciar a su parte de soltero/a, porque no se puede tener todo. Con esto no quiero decir que no haya nadie ahora mismo que esté disponible para tener una relación —porque, afortunadamente, no es así—, pero es cierto que cada vez cuesta más encontrar a personas disponibles emocionalmente, como le pasó a Marta. En realidad, cuando tú encuentras a personas así en tu camino es porque también hay una parte de ti que aún no está disponible o preparada para tener una relación duradera. Marta tenía la necesidad de ser vista, de ser elegida como la «novia» porque ella era diferente al resto, ella quería ser justo lo que él estaba buscando, así se sentía válida y suficiente. Confundió la ilusión y sus sentimientos con la dependencia emocional, con las ganas de que un chico que había conocido hacía tres meses fuera ya el hombre de su vida, el que siempre había buscado. Y nada que ver.

Cuando llevamos mucho tiempo sin ilusionarnos con alguien y nos pueden las ganas de tener una relación pasan estas cosas, que en cuanto conectamos con alguien casi sin conocerlo (porque en tres o cuatro meses no se conoce a nadie) pensamos: «Ya no busco más, es él» y no, querida. Marta cometió el error de implicarse mucho emocionalmente con un chico del que en realidad sabía muy poco. Pero ella lo idealizó, lo inventó. Marta se encargó de ir rellenando toda esa falta de información acerca de cómo era el chico realmente con sus gustos y preferencias, con lo que ella quería que el chico fuera, no con lo que en realidad era. Ella quería una relación con un chico guapo, inteligente, cariñoso, trabajador, leal, responsable, masculino, comprometido, etc. Y todo eso lo proyectó en este chico, pero él nunca fue eso; él solo se encargó de ser él. Al principio, cuando conocemos a alguien, todos nos mostramos mejor de lo que somos porque queremos gustarle a la otra persona y que ella piense que tiene delante justo lo que buscaba, ¡qué casualidad! Pero nada más lejos de la realidad. Cuando esa «careta» se cae y nos vamos relajando a lo largo de los meses porque la conquista ya está hecha, sale el verdadero ser de las personas. Pero en ese punto tú, Marta y muchas mujeres ya nos hemos vinculado y estamos enganchadas hasta las trancas, y este es el error más común. Vincularnos mucho con personas que apenas conocemos y poner en ellas todas nuestras expectativas y proyecciones inventadas. Y me preguntarás: «Entonces, Ana, ¿no puedo ilusionarme con nadie? ¿No puedo conocer a alguien tres meses y tener ganas de algo más que cumpla con mis expectativas?». Claro que puedes, y no voy a ser yo quien te diga que no, pero siempre debes hacerlo desde un punto de vista realista, con los pies en la tierra y no echar a volar. ¿No has visto el meme de Homer Simpson vestido con un traje de novia bajando unas escaleras? Pues esas somos nosotras al mes de conocer a alguien, y eso se llama idealizar. En el fondo de esa idealización están tus ganas de enamorarte, quizá de casarte, de tener una familia..., pero no con cualquiera, querida. Hay que elegir bien, hay que conocer a las personas, ¿cómo vas a saber si es el hombre de tu vida y justo lo que buscabas si no sabes quién es él? Le conoces en algunos aspectos, pero te faltan muchos por descubrir: cuáles son sus valores, sus principios, sus proyectos de futuro, cómo es él en familia, cómo trata a sus padres, etc. Hay un sinfín de aspectos de alguien que es imposible conocer en pocos meses, es totalmente inviable.

Así que, si alguna vez has sido como Marta, no te autoengañes y no te hagas una manta y te arropes con las *red flags*. Hay que verlas, apuntarlas y tenerlas en cuenta. ¡No las dejes pasar o después te explotarán en la cara y encima te vas a frustrar contigo misma por haber pasado por alto tantas cosas para que luego encima salga mal! Las prisas no son buenas, el amor es algo lento, va despacito, con calma, construyéndose ladrillo a ladrillo. Roma no se construyó en un día, ¿recuerdas? Por ejemplo, si tienes mucha prisa por llegar y vas por la carretera conduciendo a 120 km/h no te va a dar tiempo a fijarte en los detalles del paisaje que hay a tu alrededor, no vas a poder ver si el paisaje es bonito o feo, si te gusta o no; sin embargo, si vas a 50 km/h vas a poder fijarte en todos los detalles y ver los animalitos, los prados, los árboles, las casitas, porque vas despacio y disfrutando del viaje, no pensando solo en el destino, porque no tienes ninguna prisa. Pues esto es lo mismo.

No tengas prisa por enamorarte y por tener una relación. Sí, ya sé que las mujeres tenemos la presión social de que se nos pasa el arroz (una frase estúpida que detesto) y de que debemos tener pareja sí o sí, pero no vas a ser más válida por tener una relación de pareja (esto ya lo sabes). Y si realmente es eso lo que quieres (que es totalmente válido y maravilloso), al menos no corras, date tu tiempo para conocer a las personas, no dejes que tus ganas te traicionen porque pueden hacerte mucha pupa.

Nada que sea fuerte y duradero puede construirse desde la prisa.

CAPÍTULO 4

REENCUENTRO CONTIGO MISMA. TIENES UNA CITA CONTIGO

«¿Quién soy yo?». Puede que esta sea una de las preguntas más difíciles de responder o para la que incluso no tengamos una respuesta. Tendemos a contestarla a través de lo que dicen los demás de nosotras porque quizá creemos que los demás nos conocen mejor que nosotras mismas, y no debería ser así.

En mis años de trayectoria profesional trabajando con mujeres, y a través de mi propia historia personal, he podido darme cuenta del alto nivel de desconocimiento que tenemos de nosotras mismas. Es impresionante cómo cada día en consulta trabajo con mujeres que no se conocen y que no saben quiénes son porque llevan toda la vida intentando conocerse a través de los demás, tienen un alto nivel de desconexión con ellas mismas y no existe esa introspección necesaria para mirar un poquito hacia adentro y conocerse mejor. Quizá es porque tendemos a poner siempre el foco hacia afuera y no hacia adentro. Como siempre les digo a mis clientas: «Imagina un flexo encendido que siempre alumbra hacia el exterior, es hora de girar ese flexo y que te alumbre a ti».

Como te he comentado en el capítulo anterior, tu ser es algo con lo que quiero que conectes cada vez más a lo largo de este libro. Ojalá cuando termines de leerlo sientas ese poder de ser tú porque déjame decirte que no hay nada más bello y maravilloso que ser tú misma, no hay mejor forma de brillar en el mundo.

Voy a guiarte a lo largo de este capítulo para que cuando llegues al final te conozcas un poquito más. Y, además, quiero explicarte por qué he decidido darle un espacio en este libro al autoconocimiento.

Conocerse a una misma es una de las bases principales para tener una vida plena, feliz y auténtica. Es el primer paso para tomar decisiones que estén alineadas con lo que realmente deseas, y esto incluye tener relaciones más sanas y vivir acorde a tu propósito.

Si tú no sabes quién eres, qué quieres ni qué necesitas, es más probable que tomes decisiones al tuntún, de forma impulsiva o basadas en lo que quieren los demás para ti. Pero nunca alineadas contigo ni con tu esencia. Si ni tú misma te conoces porque siempre has estado desconectada de ti, ¿cómo vas a tomar buenas decisiones que te hagan feliz? Va a ser muy difícil.

¿Y cómo podemos empezar a conocernos mejor? Pasando tiempo a solas y conectando con nosotras mismas. Sí, ya sé que quizá no te gusta lo de «a solas» porque asociamos la soledad con algo negativo, pero nunca estás sola estando contigo misma. Tú debes ser tu mejor compañía, tu mejor amiga, tu aliada. ¿Cómo no te va a gustar estar contigo si vas a tener que hacerlo toda la vida?

Nunca más volverás a estar sola si te tienes a ti misma.

Para conocerte mejor es muy importante pasar tiempo de calidad contigo y, sobre todo, encontrar momentos de intimidad en los que puedas estar sola, en silencio y en calma. Ya sé que muchas de nosotras no queremos estar a solas para no enfrentarnos a nuestros pensamientos y preferimos llenar los huecos de nuestra agenda con actividades, viendo series o estando con otras personas para así no tener que escucharnos. Pero, si no haces esa introspección y no tienes de vez en cuando una conversación contigo misma, la desconexión será cada vez más grande, y esto es algo bastante común. Las mujeres hoy tenemos el foco muy afuera, en la familia, en la pareja, en nuestros objetivos, responsabilidades... tenemos demasiado ruido mental que no nos deja escucharnos, o no queremos hacerlo. Porque mientras me ocupo de los demás no me ocupo de mí, mientras me entretengo en lo de afuera no miro hacia adentro. Así que te invito a que ya sea al levantarte, a mediodía o por la noche encuentres un momento al día —al menos diez minutos— para hablar contigo, sobre todo si sientes que estás rumiando o que hay un conflicto dentro de ti.

Pregúntate: «¿cómo estoy hoy?, ¿cómo me siento?, ¿qué emociones tengo en este momento?, ¿tristeza, miedo, alegría?, ¿en qué parte de mi cuerpo las siento?, ¿qué necesito en este momento para sentirme mejor?». Este pequeño ejercicio te ayudará a empezar a conectar contigo, a escucharte, a mimarte, a parar el mundo, aunque sea un ratito, y a pensar solo en ti, a mirar hacia adentro para saber cómo estás y qué necesitas. Me gustaría que se convirtiera para ti en un hábito, no sirve hacerlo solo de vez en cuando. Tan solo son diez minutos al día para conectar contigo y con tus emociones, será la cita diaria que tendrás contigo. Sé que no es fácil estar en silencio y hablar con nosotras mismas porque nos enfrentamos al vacío que produce la soledad y porque miramos de frente nuestras emociones, nuestros miedos, etc., pero es una maravillosa forma de cuidarnos y de escucharnos. Saber de verdad qué es lo que tú quieres, no pensar en lo que los demás quieren para ti, tampoco pensar en que el exterior se va a encargar de ti, de tus miedos y de llenar tus vacíos. Pero el mundo exterior no puede hacer eso por ti.

Me gustaría proponerte un ejercicio sencillo de autoconciencia emocional para que empieces a meterte un poquito dentro de ti:

EJERCICIO

Termina cada una de estas frases.

- Soy una persona feliz cuando...
- Tengo miedo cuando...
- Lo que más me enfada es...
- Estoy triste cuando...
- Me siento querida cuando...
- Odio cuando...
- Me animo cuando...
- Me siento querida por...
- Me produce ansiedad...
- Lo que más me cuesta controlar es...
- Cuando tengo mucha rabia, eso me provoca...

- Cuando tengo miedo siento...
- Me siento culpable de...
- Una de las cosas que más me indigna es...
- Me admiro por...
- Siento amor por...
- Siento temor de...
- Cuando estoy estresada, hago...

Para empezar a quererte, primero tienes que empezar a estar contigo y a acompañarte, y además disfrutar de tu propia compañía. Tienes que entrar dentro de ti para saber qué es lo que te da miedo, lo que te frustra, lo que te nutre, lo que te entristece. Necesitas conocerte más y empezar a aceptarte, a perdonarte, a validarte. Seguramente llevas muchos años sin hacerlo por puro desconocimiento, pero poco a poco, en este camino que hemos empezado juntas, te guiaré y tendrás herramientas de por vida para aprender a hacerlo.

Una de las claves que forman parte del autoconocimiento que siempre propongo a las mujeres que acompaño es que preparen citas a solas con ellas mismas. Empezar por el primer ejercicio de preguntas que te he propuesto en este apartado es el primer paso, y otro más importante sería planificar citas contigo. Esas citas pueden ir desde planes sencillos como, por ejemplo, irte a tomar un café a tu cafetería favorita, ir sola a dar un largo paseo, ir sola a un restaurante que tengas ganas de probar, ir sola al cine o al gimnasio, etc. Y también puedes hacer planes un poco más ambiciosos como, por ejemplo, hacer un viaje sola ya sea por España, por Europa o por otro continente, apuntarte a clases de baile, a grupos de actividades como rutas de senderismo o croché, etc. Cualquier plan que elijas hacer en tu propia compañía fomentará la buena relación contigo misma. Solo así vas a poder ir dándote cuenta de que tú puedes ser tu mejor amiga, que puede llegar a encantarte estar contigo misma, que es una grandísima oportunidad para hacer las paces contigo, para conocerte mejor. Y si estás leyendo todos estos planes que te propongo y te da pavor pensar en hacer todas esas cosas sola, te entiendo, créeme, porque yo también estuve ahí, desconectada de mí. Yo no era capaz ni de ir a la vuelta de la esquina sola porque necesitaba compañía todo el tiempo. Cuando empecé a pasar tiempo conmigo le cogí tal gusto que me di cuenta de que mis vacíos solo podían llenarse con amor hacia mí misma, que no necesitaba a los demás para hacer cosas y comprobé que me encantaba mi propia compañía. Y nunca más he estado sola, sino conmigo.

Y, para fomentar aún más el autoconcepto, me gustaría invitarte a que tuvieras a partir de ahora un cuaderno de sentimientos. Escoge o cómprate un cuaderno superbonito, uno tan bonito que de verdad te den ganas de escribir en él y que sea tu diario. Ese espacio donde al levantarte cada mañana o antes de ir a dormir, te dediques unos minutos a escribir y sacar todo lo que tienes dentro. Deja que salga lo que salga sin juzgar, sobre cómo te sientes, qué necesitas, qué te ha pasado durante el día, qué agradeces, de qué te sientes orgullosa y de qué no, etc. Puede llevarte tan solo quince minutos y te aseguro que es una maravillosa forma de conectar contigo y, sobre todo, de vaciarte por dentro. Hay veces que nos pasamos todo el día trabajando o haciendo tareas cotidianas con malestar o con una sensación de tristeza o preocupación y ni si quiera sabemos por qué. Esta rutina puede ayudarte a plasmar en el papel todo eso que tienes dentro. Además, cuando pasen los días puedes releer lo que escribiste en él y comprobar cómo los asuntos que te preocupaban o te dolían hace unos días o unos meses hoy ya no son importantes.

LA HISTORIA QUE TE CONTARON VERSUS LA HISTORIA QUE TÚ QUIERES ESCRIBIR

En este capítulo quiero acompañarte a que empieces a verte con honestidad, con amor y sin juicios. A que comprendas cómo la imagen de ti misma se ha ido construyendo desde que eras una niña y está condicionada por tus experiencias, tus creencias y tu entorno, pero, sobre todo, quiero acompañarte para que poco a poco puedas ir mejorando esa imagen que tienes de ti y transformarla para que puedas ver la mujer valiosa y maravillosa que eres.

La idea que tienes de ti misma no es solo una imagen abstracta en tu mente, sino que, además, es la base sobre la que se construyen tus experiencias y relaciones. Es el pilar de todo lo que vives. La forma como te ves y la relación que tienes contigo determinan no solo cómo te sientes por dentro, sino también lo que proyectas hacia afuera. Es un reflejo que se manifiesta en tu actitud, en tu lenguaje verbal y corporal, y, sobre todo, en las relaciones que tienes.

Pero, como te he dicho antes, todo esto no surge de la nada: desde que somos niñas, nuestra autoimagen está moldeada por las palabras que escuchamos de quienes nos rodean y por los mensajes implícitos y explícitos que recibimos de la sociedad y lo que se espera de nosotras. Muchas veces, sin darnos cuenta, cargamos con creencias y expectativas que no nos pertenecen, pero que nos han influido a la hora de ver el mundo y la manera de relacionarnos. Desde niñas recibimos mensajes sobre cómo deberíamos ser para ser aceptadas y encajar en el molde que se nos pide. Puede que en tu entorno te hayan enseñado que tienes que ser una mujer buena, complaciente, estar siempre disponible para los demás, ser sumisa o que tienes que sacrificarte. O puede que te hayan enseñado que la mujer es más válida cuando tiene pareja, hijos, un buen trabajo, etc.

Tal vez escuchaste frases como:

- «Si sigues así, nadie te va a querer».
- «Hay que ser buena para que te pasen cosas buenas».
- «Una mujer no está totalmente realizada hasta que no es madre».
- «Tienes que estudiar y tener una buena carrera para tener un buen futuro».
- «Las mujeres están mejor en pareja que solas».

Podría darte mil ejemplos más de creencias. Quizá algunas de ellas las interiorizaste como si fueran tuyas. Tal vez en algún momento de tu vida te hayas adaptado para encajar en lo que se esperaba de ti en lugar de serte fiel y ser auténtica. Tal vez lo hiciste porque, de lo contrario, te invadía una sensación enorme de desprotección e inseguridad. Pero, paradójicamente, cuando no eres fiel a ti misma para cumplir las expectativas de los demás, esa sensación de inseguridad se hace aún más grande y vives en un conflicto interno, dudando de ti, sintiéndote insuficiente y con miedo a decepcionar a los demás si decides velar por ti y ser tú misma. Porque estas creencias tal vez sí coinciden con quién eres tú (y eso es estupendo) o tal vez no. Y te entiendo, porque yo fui la primera que quiso cumplir con lo que la sociedad y mi entorno me inculcaron: estudiar-trabajar-pareja-casarte-hijos. Y este estilo de vida es absolutamente válido, precioso y factible. Así es como vive mi familia y la mayoría de las personas de mi entorno. El problema es que llegué a creer que eso también era lo que yo quería hasta que un día me di cuenta de que no. Entendí que no me hacía feliz la carrera que había estudiado, ni el máster que hice después, ni opositar, ni tener ese estilo de vida en general. Me descubrí a mí misma y tuve que enfrentarme a los demás, pero eso ya te lo contaré más adelante.

La buena noticia de todo esto es que puedes desaprender todo aquello que no te hace bien y transformarlo para ser quien tú quieras ser y manejar tu vida como tú desees y no como quieren los demás. Y para esto voy a proponerte un ejercicio en el que vas a poder empezar a cambiar tus creencias limitantes por creencias transformadoras.

EJERCICIO

Me gustaría que reflexionaras acerca de las creencias limitantes que tienes sobre ti y sobre cómo debe ser tu vida para empezar a comprobar si son realmente tuyas o son impuestas y así empezar a cambiarlas.

Escribe todas esas creencias negativas en una hoja de papel. Por ejemplo: «Hasta que no tenga una pareja no seré feliz», «Tengo que formar una familia para tener una vida plena», «Hay que trabajar muy duro y sacrificarse si quiero conseguir vivir bien», «Ganar mucho dinero es algo muy difícil».

Cuando las hayas escrito, pregúntate: «¿Alguien me lo dijo?», «¿Lo vi en mi entorno?», «¿Es algo que realmente creo o es una idea impuesta?», «¿Qué me está costando, qué precio estoy pagando por tener esta creencia?», «¿Siento paz o estrés con esta creencia en mi interior?», «¿Qué posibilidades me abre o cierra esta creencia?», «¿Hasta cuándo quiero continuar sosteniéndola?».

Ahora quiero que reescribas cada una de ellas pensando solo en ti, en quién eres tú y lo que quieres para tu vida. Por ejemplo: «Puedo perfectamente ser feliz estando soltera», «Puedo sentirme plena con muchas áreas de mi vida sin la necesidad absoluta de ser madre», «Si das con las claves adecuadas, puedes ganar mucho dinero; si los demás lo han hecho, yo también puedo».

Como posiblemente ya te imagines, estas creencias no te definen. Identifica todas aquellas que no quieras rescatar para tu vida, cámbialas por unas nuevas y reprograma tu cerebro. Libérate de ellas, de esa mochila que no es tuya, que alguien te pasó haciéndote creer que sí. Estás cambiando, estás en constante evolución; tal vez algunas creencias te hayan servido durante muchos años, o tal vez ya no. Y es normal sentirse confundida porque quizá creías estar segura de que eso es lo que tú también querías para ti, que era lo que tú también pensabas. Por ejemplo, si te hicieron creer que debías tener hijos por ser mujer y en un momento te lo creíste y ahora te has dado cuenta de que en realidad no estás segura de querer ser madre, debes honrar tu deseo de no serlo porque es perfectamente válido. Imagínate tener hijos solo para cumplir con lo que la sociedad o tu familia espera de ti, imagina lo frustrante que sería tu vida si hubieras tomado una decisión así solo pensando en los demás y no en ti.

CÓMO TE VES A TI MISMA Y LO QUE PROYECTAS HACIA AFUERA

La forma como te ves a ti misma es la base de todo lo que proyectas al mundo. Y no estoy hablando de tu físico ni de lo que subes a tus redes sociales. Hablo de energía, esa que le transmites al mundo y que nace directamente de tu autoconcepto, o sea, de cómo te ves a ti misma.

Tu postura, tu manera de hablar, tu forma de habitar el espacio, las palabras que usas, cuándo pones límites, la manera en que respondes cuando alguien te elogia, la forma como sostienes la mirada... todo ello es un conjunto que genera cierta vibración y que llega a los que están a tu alrededor. Es algo sutil, pero profundo y poderoso.

No proyectas lo que eres, proyectas lo que crees que eres. Y eso tiene más poder de lo que te imaginas.

Existen muchas personas que desde fuera se ven seguras de sí mismas y empoderadas por su forma de vestir, por su maquillaje, etc. De estas que ves y dices: «Madre mía, esta mujer seguro que tiene la autoestima altísima». Y puede que así sea, o quizá no. Porque te aseguro que puedes sentirte por fuera increíblemente bien con lo que ves en el espejo y por dentro sentirte pequeña e insuficiente; y eso, lamentablemente, no lo tapa el maquillaje. Se siente inevitablemente por la energía que desprende esa persona.

Por lo tanto, cuando te ves como alguien débil, posiblemente proyectes fragilidad. Si te ves como alguien que no merece nada bueno, puede que proyectes necesidad. Si dudas de ti, esa duda se transmite, aunque hables con firmeza. Sin embargo, si te ves como una mujer valiosa, incluso mientras estás sanando, proyectarás poder, autenticidad y coherencia. Si tú te respetas, los demás también lo harán y si tú te valoras, los demás verán ese valor. Porque lo que es adentro es afuera.

Lo que proyectas solo es la narrativa que te cuentas a ti misma día tras día. Esa narrativa que quizá se formó, en parte, por lo que viviste, lo que escuchaste sobre ti en tu infancia, las experiencias que te marcaron, las relaciones que te dejaron heridas abiertas, etc. Son esas etiquetas que quizá alguien te impuso, pero que en ningún caso hablan de tu potencial ni de tu esencia más pura, esas son intactas y nadie puede cambiarlas.

Sin embargo, ahora eres tú la que puede cambiar su historia y reescribirla. Cuando te reconcilias contigo, cuando te conoces y te habitas realmente, cuando te tratas a ti misma como tratarías a alguien que amas de verdad, comienzas a proyectar esa seguridad genuina, ese amor propio y esa confianza proveniente de una conexión real contigo y con tu ser.

Te animo a que te preguntes desde qué imagen de ti misma estás viviendo, cómo crees que te ven los demás, que te plantees si llevas una máscara que te está impidiendo mostrarte como eres por miedo a no ser validada, aprobada o querida.

Se trata de que, poco a poco, empieces a tomar consciencia. Porque no puedes transformar lo que no ves. Y no puedes proyectar lo que no reconoces en ti.

Para finalizar este apartado, me gustaría que te tomaras un momento y que identificaras cómo te percibes a ti misma en cada área de tu vida.

EJERCICIO

Dibuja un mapa con cinco círculos y en cada uno escribe un área importante de tu vida: físico, relaciones, trabajo, familia y amistades (puedes cambiar o añadir los ámbitos que creas conveniente).
Debajo de cada círculo, escribe con honestidad cómo te ves a ti misma en esa área.
Luego reflexiona y escribe cómo te gustaría verte en esa área.
¿Qué te impide ver esa versión de ti misma ahora?

Está genial que quieras obtener una mejor versión de ti, pero cuidado con querer tener una versión irreal y difícil de alcanzar, ya sabemos que el perfeccionismo y la autoexigencia no son buenos aliados si los vivimos en exceso. Si es así, y quieres encontrar una mejor versión de ti en algunas áreas de tu vida, te invito a que escribas y visualices cómo te gustaría que fuera. Y, una vez que lo hayas hecho, debes revisar si esa versión de ti que quieres conseguir es real y factible o, por el contrario, está creada bajo la exigencia y dista mucho de ser como tú eres en realidad. ¿Es posible de verdad llegar a esta versión de mí en esta área de mi vida? ¿Puedo avanzar paso a paso para conseguir este objetivo? Porque si es una versión muy alejada de tu ser, te frustrarás, vivirás insatisfecha con la persona que eres y, con el tiempo, puedes llegar a hacerte daño.

Es genial tener objetivos y querer mejorar, pero, querida, estos tienen que ser viables; también debes entender que, a veces, esos objetivos dependen de factores externos, que algunos necesitan más tiempo, que puede que a veces no los consigas, que tengas que ir más despacio y a tu ritmo. Debes ser paciente y amable contigo misma; si algo no sale como esperas, no cojas el látigo y te fustigues ni te identifiques con el fracaso. Recuerda que tú no eres esos objetivos y que tu ser y tu esencia no se identifican con el tener ni con lo que consigues en la vida. Así que te pido compasión y mucho amor cuando estés trabajando en tener una mejor versión de ti.

Es maravilloso que te pongas objetivos para sentirte mejor contigo misma; ahora bien, también quiero decirte algo muy importante: no eres un ser que necesita estar en constante evolución. Porque querer siempre ser mejor te va a llevar a la trampa de que nunca eres suficiente tal como eres. Cuando te obsesionas con mejorar todo el tiempo, inconscientemente puedes estar rechazando tu yo actual.

Es como si le dijeras a la mujer que eres hoy: «No estás bien, necesito cambiarte para que seas válida». Y eso puede ser profundamente doloroso, aunque lo disfraces de superación. Siempre habrá algo que puedas mejorar, pero, si vives en modo «mejorar sin parar», nunca vas a disfrutar del presente. Caes en una rueda de autoexigencia donde nada es suficiente: ni tu cuerpo, ni tu autoestima ni tus logros.

En definitiva, quiero decirte que evolucionar sí, pero desde la aceptación, desde un lugar amoroso, no desde la exigencia o porque sientas que necesitas más para ser mejor.

AGRADECIMIENTO, ACEPTACIÓN Y AUTOCOMPASIÓN

Sin duda alguna, saber agradecer, saber cómo aceptarme y trabajar en la autocompasión fueron tres pilares imprescindibles que me ayudaron a mejorar mi autoestima y por eso mismo quiero hacer hincapié en ello dedicándole este apartado.

El primero de todos: el agradecimiento. Vivimos en un mundo que nos empuja constantemente a enfocarnos en lo que nos falta, en lo que aún no hemos conseguido, en ese trabajo de ensueño, en ese viaje a las Maldivas, en esa pareja increíble, en esa casa en la playa. En lo que «deberíamos» tener, mejorar, cambiar o alcanzar para ser felices del todo. Y así, sin darnos cuenta, vivimos en una sensación de vacío y de carencia constantes, desde una sensación de estar en deuda con nosotras mismas y con la vida. Pero, con los años y mucho trabajo personal, me di cuenta de que el hecho de agradecer lo que sí tengo hace que valide lo que sí soy hoy y lo que sí tengo.

El agradecimiento es una práctica sencilla y muy poderosa que yo misma vengo haciendo desde hace años. Algo dentro de mí empezó a cambiar cuando mi mirada comenzó a enfocarse más en lo que sí tenía que en aquello de lo que carecía.

Tengo un cuerpo sano que me sostiene cada día, tengo una casa donde dormir y una cama donde descansar, tengo personas que me aman alrededor, tengo trabajo, tengo dinero en la cuenta, tengo la posibilidad de ser libre y elegir cómo vivir mi vida... tengo mil motivos para agradecerle a la vida. Y sí, a veces me quejo para desahogarme, pero, realmente, de poco me sirve. Porque, si algo de lo que tenemos no nos gusta, solo hay tres opciones: quejarnos, aceptarlo o cambiarlo. No hay más.

Así que te invito a que cada mañana al levantarte (es cuando tenemos la energía más elevada) escribas en tu cuaderno al menos cinco cosas por las que te sientes agradecida de tener en tu vida, quizá las dabas por hecho y no todo el mundo las tiene. Puedo asegurarte que te vas a sentir muy bien al empezar tu día practicando este simple ejercicio.

Cuanto más agradezcas lo que sí tienes, más crecerá en ti la sensación de no necesitar tanto. Te lo aseguro. Yo misma hace unos años soñaba con tener un Mercedes rojo, un ordenador Mac (a ser posible rosa), el último modelo de iPhone, una casa enorme y un bolso de marca. ¿Y sabes lo que tengo hoy? Un Audi del año 2004, un ordenador Lenovo de hace cinco años, un iPhone 13, un piso de alquiler y un bolso de Stradivarius. Y no porque no pueda comprarme un bolso de marca —porque sí que puedo—, es que no necesito más de lo que tengo ahora mismo; porque todos los días agradezco tener cada cosa que te he mencionado, porque siento que cuanto menos tengo, menos necesito, porque he cultivado tanto mi ser hacia dentro que mi necesidad de mostrar hacia fuera se ha apagado con los años. Y ¡qué liberación!

También es muy importante darnos las gracias a nosotras mismas. Por todo lo que hacemos cada día para salir adelante. Por haberte levantado ese día que no podías más y que se te caía el mundo encima. Por ese «basta», ese «no» cuando te temblaba la voz y tenías miedo. Por cuidar de otros cuando nadie te cuida a ti. Por seguir creyendo en el amor incluso si te han roto el corazón. Por toda la constancia, disciplina y la perseverancia con la que construyes tus días.

Y si hoy tú estás leyendo estas líneas, significa que quizá hay algo dentro de ti que quiere sanar, que quiere crecer, que quiere vivir de forma más consciente. Y eso ya es un motivo para darte las gracias.

Además, cuando agradeces no estás en el pasado ni el futuro, estás en el presente. Esta aquí y ahora. Con lo que hay y con lo que eres. Superconsciente. Y dándote cuenta de que lo que tienes en tu interior ya es suficiente para seguir caminando.

Cuanto más te agradeces, más te reconoces. Y cuanto más te reconoces, más te empoderas.

Por otro lado, «aceptación» y «autocompasión» son dos términos que me encantan y ambos son imprescindibles si queremos construir una autoestima estable.

Aceptarnos a nosotras mismas no quiere decir conformarnos, resignarnos ni mucho menos autoengañarnos. Cuando hablamos de aceptar, nos referimos a dejar de luchar contra lo que ya es. Aceptar no significa que te guste todo de ti o que estés de acuerdo con todo lo que has vivido o que no vayas a crecer. A veces aceptar lo que eres, de dónde vienes, lo que sientes, lo que te duele, aceptar tu cuerpo, etc., es mucho más liberador que seguir resistiéndote y batallando. Y cuando dejas de batallar, dejas de castigarte. Y, al dejar de castigarte, encuentras la paz.

Por ejemplo: imagina que tienes una barriguita que te molesta y que hace que te mires al espejo y no te gustes, te incomoda. Puedes pasarte toda la vida mirándote al espejo criticándote duramente por esa barriguita y decirte cosas horribles e incluso castigándote. O tienes la opción de hacer las paces con ella, haceros amigas y aceptar que eres una persona que tiende a acumular grasa en esa zona. Que sí, que sigue sin gustarte. No se trata de mentirte cuando te miras al espejo y decirte que te encanta, sino de mirarla y decir: «Ok, no me gusta lo que veo y soy consciente, pero también sé que mi cuerpo no define en absoluto mi valía y que la gente me va a querer exactamente igual tanto si tengo barriguita como si no porque yo merezco amor de todas las formas». Si de verdad te gustaría mejorar algún aspecto de tu físico, otra opción es comprometerte con tu autocuidado: plantearte hacer deporte, moverte más, comer de manera más saludable, acostarte más temprano, etc. Pero en ningún caso mirarte y quejarte sobre lo que ves en el espejo va a hacer que te sientas mejor contigo misma. Es perfectamente lícito querer mejorar si así lo deseamos, pero siempre desde un lugar de respeto y paz, no desde la guerra.

Nadie florece desde el castigo. El crecimiento real nace con amor. Y ese amor empieza contigo.

Por eso es importante que la aceptación vaya de la mano de la autocompasión. Como ya he mencionado, no puedes seguir siendo tu propia enemiga y vas a tener que empezar a ser más amable contigo misma si quieres convivir bien contigo durante el resto de tu vida. Y la autocompasión no te hace débil, te hace humana. Es tratarte a ti misma con la misma ternura con la que tratarías a una amiga que está sufriendo. Es permitirte sentir sin exigencias, guardando el látigo fustigador. Es dejar el «Tendría que haberlo hecho mejor» y empezar a decirte: «Lo he hecho lo mejor que he sabido y lo que podía sostener en ese momento».

Mostrarte vulnerable contigo misma te hace recordar que mereces tu propio perdón, tu propia comprensión y contención.

MI HISTORIA: CUANDO DESCUBRÍ QUIÉN ERA YO DE VERDAD

Vengo de una ciudad pequeña de Extremadura llamada Plasencia y de una familia grande, humilde y tradicional, que siempre ha tenido lo justo y que ha vivido sin lujos, en la que solo unos pocos tienen estudios superiores. Fui una niña buena y tranquila, que no molestaba ni daba problemas o preocupaciones en casa. No destacaba en nada en particular y nunca supe a qué me quería dedicar exactamente. Estudié primero peluquería (profesión que jamás ejercí), después trabajé como cajera en un supermercado y, estando allí, decidí que quería estudiar una carrera: me gustaba enseñar y me gustaban los niños, así que decidí que quería ser maestra. A mi familia les pareció genial, estuve trabajando y estudiando a la vez para sacarme el bachillerato, me concedieron una beca para la carrera y después hice un máster. Tenía claro que eso era lo que yo quería para mí y mi futuro... o eso creía, porque, según iban pasando los años en la universidad, empezó a crecer dentro de mí una sensación de duda y confusión, de no saber exactamente para qué hacía lo que hacía.

Un mes antes de terminar el máster, unas amigas me ofrecieron irme a trabajar con ellas a Ibiza durante el verano. Mi respuesta fue automática: «No, tías, yo termino el máster y me voy a poner a opositar para sacarme una plaza de maestra en Extremadura, que es lo que quiero». Esa fue la mentira más grande que me he contado en la vida. En realidad, lo decía porque era lo que los demás esperaban de mí. Estaba siguiendo un guion que no había escrito.

Unas semanas más tarde, mientras conducía (que es cuando suelo iluminarme), de repente me pregunté: «¿Qué estás haciendo con tu vida?». Y ahí lo supe. No quería opositar. No quería seguir encajando. Y en ese momento decidí irme con mis amigas a Ibiza y mandarlo todo al carajo.

Fue el primer paso para empezar a ser yo. Después de muchos años me di cuenta de que, al estudiar esa carrera y ese máster, inconscientemente solo estaba buscando dos cosas: la primera era cumplir con los estándares de la sociedad. Pensaba que al tener estudios y ser funcionaria iba a ser más feliz e iba a tener una vida mejor, porque «eso era lo que había que hacer», tener estudios y después opositar y trabajar. Así encajaba perfectamente en el molde para ser aceptada y aprobada en general. Y la segunda cosa que estaba buscando era el reconocimiento, la validación y aprobación de mi familia. No fue fácil, pero sin duda fue la mejor decisión.

En Ibiza se me abrió la mente, conocí mundo y, sinceramente, viví el mejor verano de mi vida. Tardé mucho tiempo en lograrlo, pero empecé a escucharme, a dejar de autoengañarme, a priorizar lo que me hacía feliz, y a entender que la coherencia con una misma es el mayor acto de amor propio. No fue fácil dejar de contentar a otros, empezar a priorizar mi felicidad a la tranquilidad de mi familia fue un trabajo interno que me llevó años. Y sí, me costó muchas discusiones con mi madre y mi abuela para que dejaran de decirme: «¿Para qué tienes tú una carrera? ¿Es que no piensas opositar?». Ellas solo querían protegerme y que yo estuviera bien, lo hacían desde el amor y desde la buena intención de que yo tuviera un buen futuro, pero a veces, como digo, los padres priorizan su tranquilidad a la felicidad de sus hijos, porque creen que ellos sí saben lo que es mejor para ti. Y sí, repito, lo hacen desde el amor, pero yo tenía que escucharme a mí, no podía seguir viviendo para los demás. Y te aseguro que mi familia me sigue queriendo y están igual de orgullosos de mí hoy en día con mi profesión y mis proyectos. Hoy sé que no hace falta seguir el camino marcado para ser querida. Y que ser auténtica, aunque duela al principio, siempre es liberador.

CAPÍTULO 5

ERES TU PRIORIDAD: HÁBITOS, LÍMITES Y ESPACIOS QUE TE NUTREN

Practicar el autocuidado es un acto radical de amor propio. Y, una vez empiezas a hacerlo, se convierte en un estilo de vida que ya no vas a poder abandonar. Es dejar de esperar a que alguien venga a rescatarte, y convertirte en tu propia guardiana. Es mirar tu vida y preguntarte con sinceridad: «¿Esto me hace bien? ¿Esto me representa? ¿Esto me suma o me resta? ¿Está alineado con mis valores?». Y, por tanto, actuar en consecuencia a las respuestas obtenidas, aunque tengas miedo a lo que pueda pasar después.

El autocuidado no es egoísmo, es responsabilidad contigo misma. Es la forma en que le dices al mundo que te mereces vivir y estar bien. Es entender que priorizar tus necesidades y pensar en ti primero antes que en los demás también está bien. Es entender que no tienes que agotarte ni quedarte vacía para llenar a otros. Nos hicieron creer que era de «buenas personas» estar siempre ahí, siempre disponibles, siempre complacientes, accesibles, dispuestas. Y, si no es así, entonces quizá eres mala o eres egoísta, pero hemos olvidado algo esencial: y es que, si tú no estás bien y con energía ni para ti misma, tampoco puedes estarlo para los demás ni podrás darles lo mejor de ti. Un ejemplo para que lo veas claro: imagina que la batería de tu móvil está a un 2 % y tienes que cargarlo ya porque vas a salir de casa y sabes que lo vas a necesitar. ¿Le dejarías el cargador a tu compañera de piso en ese momento si te lo pidiera? Podrías hacerlo, sí, pero lo más lógico sería que lo usaras tú primero y, una vez cargado tu móvil, se lo dejaras un ratito antes de salir. Es decir, que priorizaras tu necesidad de usarlo tú.

Otro ejemplo claro de que primero tenemos que cuidarnos y protegernos nosotros lo vemos en los aviones, donde en caso de emergencia siempre se nos pide que primero nos pongamos la máscara de oxígeno nosotros, y después ayudemos a los demás a ponérsela. Pues esto es lo mismo.

Primero es necesario que te recargues tú y te sientas bien tú para después poder darle la mejor de tus energías a los demás. Y, aunque parece algo bastante lógico, a veces nos cuesta mucho hacerlo debido al miedo que tenemos de parecer egoístas o malas personas.

Una forma sencilla de cuidarnos a nosotras son los hábitos diarios. Lo que haces cada día, lo que permites, lo que toleras... te construye o te desgasta. Es básicamente una declaración silenciosa de amor (o desamor) hacia ti misma.

Un hábito sano no tiene que ser enorme para ser transformador. Puede ser levantarte temprano, respirar conscientemente, escribirte una frase de amor en el espejo, tomarte cinco minutos para estirarte y agradecer, escribir en tu diario tus sentimientos, etc. Lo importante no es la magnitud del gesto, sino la energía con la que lo haces. Tampoco necesitas hacerlo todo de golpe, solo empezar, actuar. Un nuevo gesto cada vez, una nueva forma de estar contigo.

Pregúntate hoy: «¿Qué hábitos estoy repitiendo que me alejan de la mujer que quiero ser? ¿Qué rutinas me desconectan de mí? ¿Qué pequeñas acciones puedo empezar a implementar para acercarme a mi bienestar?».

LOS MARAVILLOSOS LÍMITES

Otra forma de cuidarnos, pero sobre todo de protegernos, es poner límites. Los límites son esas barreras invisibles que tenemos que poner en ocasiones para proteger nuestro propio bienestar y salud mental. Son una declaración firme de lo que permites, de lo que no vas a tolerar y del lugar que te das a ti misma, comunicando así cuánto te respetas. Y son absolutamente necesarios en todos los tipos de relaciones que existen.

Cuando no ponemos límites a tiempo, nos sentimos enfadadas con nosotras mismas, frustradas, tristes, confundidas, invadidas, etc. Nos desgastamos tratando de complacer a otros mientras nos olvidamos y nos traicionamos a nosotras mismas.

Quizá en algunos momentos has sentido que te cuesta poner límites, y eso es algo normal si nadie te ha ensenado a hacerlo o si te criaron con la idea de ser la niña buena que tiene que agradar a todos y no incomodar. Tenemos miedo a decir «no» por el temor a ser rechazadas o juzgadas, pero en una vida vivida desde el miedo al rechazo nunca puedes ser tú misma por completo.

Poner límites es un acto de amor propio y de madurez. No todos van a saber recibirlos y está bien, porque quizá las personas que te rodean y que te conocen desde hace muchos años —como tu familia o tus amigos cercanos— están acostumbrados a una versión de ti que no sabe ponerlos y piensa que esa versión tuya nunca va a cambiar. Por eso, muchas veces cuando nunca has tenido un «no» y de repente empiezas a decirlo, las personas de tu alrededor se sorprenden, o incluso algunas se molestan. Las personas que se enfadan cuando empiezas a poner límites quizá se estaban aprovechando de que no los pusieras. Y está bien, no pasa nada, a lo mejor necesitan tiempo para adaptarse a tu nueva versión. Y si se alejan o se van de tu vida, eso te servirá para reflexionar sobre la relación que tenías con esas personas. Los que te quieren de verdad y te quieren bien se van a acostumbrar a «tu nueva tú». Lo más importante es que tú aprendas a poner los límites, que poco a poco vayas soltando la culpa, y que lo vayas haciendo cada vez con más firmeza; eso sí, siempre desde la mayor asertividad y respeto posibles.

Como te he comentado, los límites son imprescindibles en todas las relaciones, no solo de pareja. Aquí te dejo algunos ejemplos de dónde y cómo ponerlos:

Límites a tu familia

Tu familia puede habértelo dado todo en la vida, pero eso no quiere decir que tengas que sostener dinámicas familiares que te hacen daño. Poner límites a la familia es complicado porque ellos te conocen desde siempre y, como te he dicho, quizá les cueste acostumbrarse a que ahora no cedas o no hagas los favores que sueles hacer.

Puedes amar profundamente a tu madre y, aun así, no aceptar sus chantajes emocionales o su manipulación. Puedes amar a tu hermana y no prestarle dinero cada vez que te lo pida. Puedes querer mucho a tu padre y no permitir que te levante la voz. Puedes poner límites sin romper vínculos. Sé que es complicado, pero es cuestión de práctica.

Por ejemplo: «Eres mi hermana y te quiero mucho, pero no puedo prestarte el dinero en esta ocasión porque tengo ahora mismo otras prioridades de las que encargarme, lo siento».

Límites a tu pareja

El amor no es una excusa para cruzar tus límites. Entiendo y es normal que, cuando hay sentimientos profundos por alguien, los límites estén más difusos porque hay un vínculo emocional muy estrecho con esa persona. Sin embargo, puedo asegurarte que el hecho de poner límites no va a estropear tu relación si los pones bien puestos y se trata de un amor genuino. Si necesitas tiempo, espacio, claridad o respeto, estás en tu derecho a pedirlo.

Por ejemplo: «Me importa lo que sientes, pero no voy a permitir que me hables de esa forma. Hablaremos cuando ambos estemos más tranquilos».

Límites a tus amigos

Quizá alguna vez has tenido ese amigo al que le das la mano y se coge el brazo entero, ¿verdad? Pues es precisamente a ese tipo de amigos a los que hay que poner límites. Porque algunas amistades, en ocasiones, pueden volverse desgastantes si no sabes decir «hasta aquí». Sobre todo, entender que no se puede estar siempre disponible, ni hacer todo el tiempo de terapeuta de tus amigos sosteniendo dramas que no son tuyos. No te digo que no lo hagas nunca, simplemente que regules un poco lo que das, tu tiempo y tu energía, para no desgastarte tú.

Por ejemplo: «Te quiero y estoy aquí para ti, pero hoy no puedo escucharte porque necesito descansar. Podemos hablar otro día con más calma».

Límites en el trabajo

La vida profesional puede convertirse en una trampa si crees que debes dar más de lo que puedes. Aprende a decir «no» a tareas que no te corresponden, a no responder mensajes fuera del horario laboral, a no aceptar dinámicas que te explotan o te minimizan.

Por ejemplo: «Gracias por pensar en mí para esto, pero tengo otras tareas importantes que hacer y no puedo encargarme de esto ahora».

Límites a ti misma

A veces, el límite más difícil es el que nos ponemos nosotras mismas. Porque, cuando ponemos un límite a otra persona, el hecho de que lo cumpla o no deja de ser nuestra responsabilidad. Ahora bien, si hemos comunicado el límite y esa persona no lo ha cumplido, entonces el límite pasa a ser nuestra responsabilidad, aunque nos cueste mantenerlo. Porque el límite no solo se comunica, sino que debe ponerse en práctica. De lo contrario, se queda solo en una advertencia que se desvanece en el aire. El límite hay que sostenerlo; si no, no sirve de nada.

Somos nosotras las que tenemos que aprender a autogestionarnos y a parar. A frenar ese diálogo interno que nos castiga, a frenar nuestra autoexigencia, a dejar de sobrecargarnos para complacer al otro, etc. Hay que aprender a decirnos: «Esto no me hace bien».

Por ejemplo: «No voy a cogerle el teléfono a esta persona, aunque tenga ganas de hacerlo, porque sé que esto me está haciendo mucho daño».

Quiero enseñarte una técnica que utilizamos en *coaching* y que es infalible para poner límites de una forma asertiva a cualquier persona y en cualquier situación: la «técnica sándwich». Es una herramienta sencilla y efectiva que consiste en envolver tu mensaje claro (el límite, que sería el queso de nuestro sándwich) dentro de dos frases empáticas o positivas (los panes del sándwich). Te muestro un ejemplo para que puedas empezar a aplicarlo:

1. Algo positivo o de reconocimiento: «Tengo muchas ganas de verte y quedar contigo como todos los viernes por la noche».
2. El límite claro: «Sin embargo, hoy me siento sobrepasada por toda la semana que he pasado y siento que necesito quedarme en casa a descansar».
3. Algo que reafirme el vínculo o una solución alternativa: «Te propongo quedar mañana por la mañana para tomar un café y así nos ponemos al día».

Ahora quiero animarte a que reflexiones sobre los límites que crees que deberías poner a tu alrededor, porque, cada vez que no estableces un límite que necesitas, abandonas una parte de ti. Este ejercicio te ayudará a escuchar a esa parte que has silenciado por miedo o por culpa. Es momento de recuperarla.

EJERCICIO

Haz una lista de las personas a las que necesitas poner un límite y no te has atrevido. Escribe su nombre (o relación) y qué límite necesitarías expresar.

Persona/ Relación	**Límite que necesito poner**	**¿Qué me impide hacerlo?**
Ej.: Mi madre	No quiero que opine sobre cómo crío a mis hijos	Miedo a sentir culpa
Ej.: Yo misma	Dejar de exigirme tanto y descansar sin culpa	Creencia de que solo valgo por lo que hago

TU ENTORNO TAMBIÉN TE CONSTRUYE

Las personas que te rodean, los lugares que frecuentas, las rutinas que repites... tienen un impacto directo en tu autoestima, aunque no lo creas. Tus amigos, tu familia, tu pareja o tus compañeros de trabajo pueden influir directamente en ti, en tu vida, en tus decisiones y en tu autoconcepto. Si te rodeas de un ambiente sano, tu entorno puede impulsarte y elevarte de una forma increíble, pero, si te rodeas de un ambiente tóxico donde abundan las críticas, los juicios, la envidia o las bromas pesadas, puede llegar a frenarte y apagarte. Por eso el entorno no es algo secundario en el camino del amor propio, es un pilar imprescindible, es una red de contención o bien una trampa que te mantiene en el mismo lugar.

Imagina que llevas años soñando con un proyecto laboral y, cuando les comunicas a tus amigas que has tomado la decisión de hacerlo por fin realidad, estas te desaniman, te critican y te juzgan. Te dicen cosas como «Eso no te va a salir bien» o «Vives en los mundos de Yupi» y te hacen sentir tan mal que hasta llegas a cuestionarte si seguir adelante con el proyecto o no. Ahora imagina que sucede todo lo contrario y que, cuando se lo has contado, ellas se han alegrado por ti, te han aplaudido, te han apoyado y han sentido la misma ilusión y alegría que tú. Puedo asegurarte que la diferencia que vas a sentir de una situación a otra es abismal. Porque las mujeres, sobre todo, necesitamos rodearnos de otras mujeres capaces de valorarnos, apoyarnos, sostenernos y celebrarnos entre nosotras. Sentir esa red de apoyo tan genuina hace que nos expandamos irremediablemente, que nos inspiremos, que nos atrevamos, y eso es algo maravilloso. Por eso es importante protegernos del entorno donde se normaliza la comparación, la crítica constante o el juicio, porque tu energía se consume intentando protegerte, justificándote, encajando. Y eso no es autoestima, eso es supervivencia.

Lo mismo pasa con el resto de las personas que nos rodean, nuestra pareja o nuestra familia. Son entornos muy cercanos que influyen mucho en nosotras, tanto de manera positiva como negativa. Ya sé que no se puede elegir a la familia porque es la que nos toca, y ojalá nunca te hayas parado a pensar en ello porque eso querrá decir que tienes una familia maravillosa. Sin embargo, si no es así y sientes que sus comentarios pueden hacerte dudar o hacerte sentir mal, insisto en que te protejas estableciendo límites o poniendo distancia. No obstante, sí podemos elegir a la pareja, con quien seguramente pasamos mucho tiempo de nuestra vida. Así que está en tu mano escoger a una pareja que te anime a crecer y te apoye incondicionalmente o a una pareja que te empuje hacia abajo, ya sea porque no crea en ti o porque no quiera verte brillar.

Y es difícil a veces darse cuenta o aceptar que tu pareja no quiera ver cómo a ti te va muy bien o mejor que a ella, o que simplemente no te quiera ver cumplir tus sueños, ya sea porque despiertes un sentimiento de inferioridad en ella o porque sea una persona con creencias limitantes que sienta que tienes objetivos imposibles. En este caso, siempre será más difícil para ti crecer y expandirte con una persona así a tu lado, porque te puedo asegurar que te contaminarás de sus pensamientos y de su energía.

Rodéate de personas que te ayuden a recordar lo que vales y lo que eres capaz de hacer, no de personas que te hagan dudar de tu valor cada vez que brillas.

Ahora quiero dejarte unas preguntas para reflexionar acerca de tu entorno. Te van a ayudar a detectar si son entornos dañinos o no.

- ¿Te sientes libre para ser tú misma en ese grupo o relación?
- ¿Sientes que tienes que callarte, reducirte o pedir perdón por ser como eres?
- ¿Te vas de ese encuentro con más energía o sintiéndote peor?

Estas preguntas no son juicios. Solo sirven para reflexionar y detectar si ese entorno te suma o te resta. No se trata de juzgar ni de dejar a todo el mundo atrás de golpe, sino de ajustar tu energía a relaciones que te eleven, te sostengan y te vean. Y tienes derecho a alejarte de lo que no nutre tu autoestima, aunque antes te haya parecido que eso era amor, amistad o dinámicas familiares normalizadas.

Es justo para ti buscar círculos donde hablar de crecimiento personal no sea raro, donde puedas llorar con tranquilidad sin que se te vea débil, donde puedas ser tú y decir tu verdad sin miedo a ser juzgada. Y si aún no tienes ese entorno, puedes empezar a construirlo, leyendo libros que te inspiren, escuchando pódcast que te ayuden o uniéndote a comunidades donde se hable de lo que tú ahora necesitas cultivar.

REVISA DÓNDE ESTÁS PONIENDO TU ENERGÍA

Quizá hay veces que sientes que algo no va bien, te sientes apagada, desmotivada, cansada... y no sabes el motivo porque, aparentemente, «todo está bien». Pero hay algo dentro de ti que puede que esté en desequilibrio.

La vida no siempre se desordena por fuera, muchas veces el caos ocurre dentro, cuando quizá una parte de ti está dando demasiado en un área mientras otra está más descuidada.

Revisar dónde pones tu energía también es cuidarte a ti, porque no es justo ni saludable para ti sentir ese desequilibrio. Quizá estás poniendo mucha de tu energía en tu trabajo y no tanta en tu pareja, o quizá estás poniendo mucha energía en el cuidado de tus hijos y muy poca en ti misma. Y ya sabes que, para que podamos estar bien con lo demás, primero tenemos que estar bien con nosotras mismas.

Tu energía es limitada, tenemos que aprender que no podemos estar disponibles para todo ni para todos sin consecuencias. Y no eres egoísta por protegerla. Cada día te despiertas con una cantidad determinada de energía física, mental y emocional. Y el problema es que a veces no nos damos cuenta de que esa energía que estamos entregando no se nos devuelve, no se valora o simplemente ya no nos corresponde dedicarla a esa área.

La buena noticia es que esto se puede cambiar. El primer paso es ser consciente de cómo estás gastando tu energía y cómo podrías empezar a conservarla mejor. Por eso quiero invitarte a realizar un ejercicio que quizá te ayude a ver con claridad en qué áreas de tu vida estás volcando tu energía y cuales quizá estás descuidando por inercia, por hábito o por miedo.

EJERCICIO

Imagina que tienes delante cinco vasos de cristal. Cada vaso representa un área fundamental en tu vida: pareja, trabajo, familia, amistades y ti misma (tu autocuidado y bienestar). Piensa que cada día inviertes energía emocional en esos vasos: tu tiempo, tus pensamientos, tu atención, etc. Algunos vasos están rebosando. Otros quizá están medio vacíos. Y otros puede que estén secos.

Ahora dibuja los cinco vasos en una hoja, puedes usar colores distintos si quieres representar cada área de forma más visual. También puedes añadir o quitar áreas si lo deseas.

Rellena cada vaso según cómo sientas que está ahora mismo. No pienses demasiado, escucha a tu cuerpo. ¿Cuál se siente desbordado? ¿Cuál está olvidado? Observa con sinceridad:

- ¿Dónde estás dando más de lo que puedes o quieres dar?
- ¿A qué área le estás entregando toda tu energía y qué área estás dejando para el final?
- ¿Qué área necesita urgentemente tu atención?

Escribe tus conclusiones:

- ¿Qué vasos quiero equilibrar en este momento de mi vida?
- ¿Qué límite necesito poner para que uno de ellos no me desborde?
- ¿Qué hábito nuevo puedo introducir para llenar el vaso del autocuidado o del disfrute?

Este ejercicio es un espejo amable para revisar cómo estás gestionando tu energía emocional. Porque con frecuencia no se trata de tener más tiempo, sino de ser más consciente de dónde estamos poniendo lo mejor de nosotras. Hazlo siempre que sientas desorden, cansancio o falta de equilibrio.

EL CASO DE NURIA

Nuria es una clienta que realizó un proceso de *coaching* conmigo durante unos tres meses más o menos. Llegó a mí absolutamente llena de rabia, ira, enfado y frustración. En la primera sesión se le caían las lágrimas y me dijo textualmente: «Siento que estoy viviendo la vida para los demás y no para mí». No podía más, estaba agotada física y mentalmente.

Tras varias preguntas para indagar más en su caso, me desveló que estaba cansada de andar siempre pendiente de los demás y que después casi nadie se preocupara por ella. Nuria solía estar siempre disponible para su familia o para sus amigos cuando la necesitaban, para hacerles cualquier ínfimo favor, no le decía que no a nadie, no cancelaba nunca un plan y les entregaba su tiempo y su energía independientemente de cómo se sintiera ella y de lo que a ella le apeteciera.

Su ausencia de límites le provocaba rabia y enfado, pero no

con los demás, sino consigo misma. Nuria lo había normalizado de tal forma que no se daba cuenta del nivel de agotamiento que tenía y de cómo le estaba consumiendo la energía el hecho de estar siempre disponible para los demás. Para ella era algo habitual dar «lo que se esperaba de ella», pero no cayó en la cuenta de cuánto daño le hacía cumplir con las expectativas ajenas.

Revisamos su historia de vida, sus creencias y sus heridas y llegamos a la conclusión de que había vivido con la creencia de que debía ser una niña buena, complacer a los demás y estar pendiente de todos para ser querida, aceptada, valorada, y, además, ser vista como buena persona. Su madre había sido un referente de mujer sacrificada por su familia, esa mujer que siempre se deja para el final porque antes que ella están su marido, sus hijos y todos los demás. Una mujer callada, muy complaciente y que cumplía la «teoría del estar siempre». Nuria se había criado entre frases como: «Hay que ser buena persona», «La familia es lo más importante», «Si los demás están bien, yo también». Y todo eso había formado en ella un conjunto de creencias que habían activado así su miedo al rechazo y al abandono.

Nuria «cumplía» con todo lo que se esperaba de ella y no ponía límites porque tenía miedo de que la dejasen de querer (abandono), de que se enfadaran con ella (rechazo) o de parecer mala y egoísta (rechazo). Por eso ella no se sentía capaz de decir que no a nadie o de faltar a un plan ya hecho, aunque estuviera agotada de trabajar. Para ella era más importante mantener su etiqueta de «niña buena» sintiéndose así aceptada, válida y alimentando sin querer más aún el miedo a ser abandonada o rechazada.

Pusimos en marcha la práctica de los límites hacia los demás y hacia ella misma con técnicas sencillas y, en poco tiempo, Nuria era otra. Entendió que la gente que la quería de verdad no desaparecía de su vida por marcar un límite y que ella no se convertía en mala persona por decir «no».

CAPÍTULO 6

ELEVANDO TU MAGNETISMO PERSONAL. EL EQUILIBRIO ENTRE LA ENERGÍA FEMENINA Y MASCULINA

Una vez que has aprendido a mantener buenos hábitos, has aprendido a poner límites para no dejarte pisotear por nadie y has creado un buen entorno alrededor de ti, irremediablemente el siguiente paso es convertirte en una mujer magnética. Y cuando digo magnética no me estoy refiriendo al físico, sino a la energía y la vibración que transmites. Una mujer con magnetismo atrae todo a su alrededor sin hacer esfuerzos, sin perseguir, sin insistir; irradia una seguridad, una calma y una presencia tan grandes que el resto de las personas se acercan a ella de una forma genuina y natural. Y es una mujer que muy probablemente tiene un equilibrio saludable entre su energía femenina y la masculina. He considerado importante dedicar todo un capítulo de este libro a las energías que habitan en nosotras (y en todos) porque una mujer que está en paz, en calma y que tiene relaciones saludables, sin duda ha encontrado la armonía entre su lado femenino y su lado masculino.

Cuando una mujer aprende a habitar su energía femenina sin miedo, se vuelve magnética sin esfuerzo.

Ambas energías habitan en todos nosotros, independientemente del género con el que nos identifiquemos, y las dos son necesarias; eso sí, debe haber cierta armonía entre ellas.

Voy a explicarte brevemente en qué consiste cada una de estas energías para que entiendas con más claridad de qué estoy hablando.

Por un lado, la energía femenina representa la parte izquierda del cuerpo y es todo lo que está relacionado con recibir, con sentir, con ser, con fluir, con la calma, con la tranquilidad, con la suavidad, con la intuición, con lo maternal, con la presencia, con la creatividad y con la confianza. Conectas con tu energía femenina, por ejemplo, cuando estás meditando, escuchando música suave con una vela aromática frente a ti y respirando de forma consciente sintiendo tu cuerpo y simplemente siendo, estando en plena presencia. También conectas con esa energía cuando estás «maternando», siendo amorosa con tus hijos, dándole el pecho a tu bebé mientras sientes su olor y su piel suave. También estás habitando tu energía femenina cuando permites que los demás te cuiden, cuando dejas que tu pareja te prepare la cena o que ese chico al que estás conociendo te venga a buscar a casa. Cuando te permites que los demás te consientan y aprendes a recibir sin culpa halagos, regalos, sorpresas, detalles y, además, sintiéndote merecedora de ello.

El exceso de energía femenina también puede provocar que nos cueste más lograr ciertos objetivos, porque no tenemos una dirección, no tenemos claridad, no tenemos decisión y podemos sentirnos desubicadas flotando en la pura fluidez por falta de determinación. Así que, si sientes que estás estancada, puede ser que estés habitando demasiado tu energía femenina.

Por otro lado, la energía masculina representa la parte derecha del cuerpo y está relacionada con todo lo que sea dar, proveer, analizar, sostener, actuar, dirigir, proteger, liderazgo, control y gestión. Estamos conectadas con nuestra energía masculina por ejemplo cuando estamos ante un Excel controlando nuestros gastos, o cuando estamos organizando un viaje y estamos reservando hoteles y vuelos. También estás habitando esta energía cuando provees y das mucho a los demás, te encargas de que todos se sientan bien, aunque tú no lo estés. O cuando tomas la iniciativa e invitas a un chico a salir y organizas tú la cita, lo vas a buscar y pagas la cuenta.

A lo largo de mi trayectoria profesional me he encontrado a muchas mujeres que estaban viviendo su vida con un desequilibrio enorme entre sus energías, estaban habitando de forma principal en la masculina. En el ámbito amoroso, estas mujeres tienen mucha necesidad de tenerlo todo bajo control, y hablo de las acciones y emociones de los demás; les cuesta mucho delegar y confiar en su pareja y sienten que no puede ser sostenidas como ellas lo necesitan. Sienten que son ellas las que llevan el peso y la iniciativa de la relación, dado que suelen atraer a hombres inmaduros emocionalmente y pasivos que habitan en su energía femenina.

En cuanto al ámbito laboral, suelen identificarse con hacer, producir y rendir, estando así desconectadas de su ser, de sus emociones y de su parte más espiritual. Sienten que no pueden parar y, si lo hacen, se sienten culpables de descansar porque «podrían estar aprovechando el tiempo para hacer algo productivo». Viven constantemente en su parte racional analizándolo todo con la mente y sin dejar espacio a su intuición femenina.

Además, son mujeres que no saben pedir ayuda porque no quieren parecen débiles y viven bajo el lema «yo puedo sola».

Se sienten incómodas cuando reciben ayuda, apoyo o incluso un halago, porque en el fondo creen que para recibir todo eso primero hay que ser merecedoras de ello.

Y, por último, tienen unos niveles de autoexigencia muy elevados consigo mismas queriendo ser impecables, fuertes y exitosas. Y, a algunas, esos niveles de exigencia les producen altos niveles de estrés, ansiedad e incluso insomnio.

Si te sientes identificada con el segundo tipo de mujer, déjame decirte que te entiendo porque yo misma he estado así durante muchísimos años, sintiendo que debía tener dos trabajos o trabajar y estudiar al mismo tiempo. Tenía que estar constantemente produciendo y haciendo cosas sin parar porque esa era la única forma que me habían enseñado a ser valiosa; porque si descansaba en el sofá, dormía una siesta o simplemente no hacía nada era una «vaga», no estaba siendo productiva.

Estuve muchos años desconectada de mi ser, del disfrute, de mi parte emocional y precisamente trabajaba como una loca para no tener tiempo libre y así no verme obligada a pensar. No quería conectar con mis sentimientos porque sentía un tremendo vacío en el pecho, una soledad arrolladora que me hacía sentir triste. Simplemente estaba intentando evitar sentir ciertas emociones incómodas llenándome de trabajo y estudio.

EJERCICIO

Quiero proponerte un ejercicio para que puedas identificar si estás más conectada con tu energía femenina o con la masculina en este momento de tu vida.

Lee cada pareja de frases y marca con una cruz la que más representa tu estado actual, tu forma de actuar o sentir en tu día a día.

ENERGÍA MASCULINA		**ENERGÍA FEMENINA**	
Siento que tengo el control, me siento enfocada y suelo organizar todo al detalle.		Me dejo llevar, fluyo con lo que va surgiendo y escucho mi intuición.	
Tomo decisiones rápidas y me gusta tener todo bajo control.		Prefiero sentir antes de decidir, me doy espacios para escucharme.	
Hago muchas cosas a lo largo del día, soy productiva y eficiente.		Me permito pausar, descansar y nutrirme emocionalmente.	
Me esfuerzo por lograr metas, incluso si estoy agotada.		Me cuido, me escucho y respeto mis ritmos naturales.	
Me cuesta recibir ayuda o mostrar vulnerabilidad.		Pido lo que necesito y me permito ser sostenida.	

Si has marcado más frases de la columna masculina, puede que estés habitando en exceso tu energía de acción y control. Si has marcado más frases de la columna femenina, estás más conectada con tu mundo interior, con tu intuición y tu esencia receptiva. No hay respuestas correctas o incorrectas. El objetivo es observarte con amor y empezar a reconectar con tu magnetismo desde el equilibrio. Recuerda que no se trata de elegir una energía u otra, sino de armonizarlas para que trabajen a tu favor.

CÓMO AFECTA EL EXCESO DE ENERGÍA MASCULINA A TUS RELACIONES

Vivimos en un mundo en el que a las mujeres cada vez se nos aplaude más por ser productivas, independientes, fuertes y exitosas. Hemos aprendido a vivir poniendo el foco de atención en el «hacer» y no en el «ser». Por supuesto que eso tiene un gran valor, pero ¿a qué precio? Porque, a lo largo de mi carrera profesional, me he encontrado con mujeres que están agotadas física y emocionalmente y no solo porque hacen demasiadas cosas sino porque lo hacen desde su energía masculina. Tienden a resolver la vida a sus personas allegadas, controlan, solucionan, proveen, sostienen y, aunque parezca que eso les da empoderamiento, en realidad es exceso de masculinización y, por consiguiente, les está robando su propio poder magnético. Y ojo: no es culpa suya. Es el resultado de los años que llevan desconectadas de lo femenino.

La sociedad nos ha dicho que pedir ayuda es ser dependiente, que ser demasiado emocional era ser débil y que, si queríamos conseguir algo, había que lucharlo. Gran parte de las mujeres viven creyendo que, si no hacen y no producen o no está todo bajo control, algo malo va a pasar.

Con el tiempo, nos convertimos sin darnos cuenta en hombres atrapados en cuerpos de mujeres, energéticamente hablando. Cuando esto ocurre, es muy difícil atraer a un hombre con una energía masculina saludable, puesto que esta no busca competir ni chocar con otra energía masculina; busca complementarse con la energía femenina de una mujer que acepte recibir, que confíe, que se deje cuidar, que se deje sostener y que no necesite demostrar todo el tiempo que puede hacerlo todo por sí sola. Si siempre quieres hacer y resolverlo todo y tirar del carro sin ayuda de nadie, ¿quién queda para sostenerte a ti? El mensaje que transmites de esta forma es que no necesitas a nadie, lo que dificulta que un hombre, en su rol de proveedor, protector y líder, encuentre su lugar en la relación.

En estos casos, hay hombres masculinos que terminan poniendo fin a la relación porque no se sienten útiles o válidos.

Las mujeres que tienen este exceso de energía masculina atraen por lo tanto a hombres en los que predomina su energía femenina; suelen ser hombres pasivos, relajados y que no acostumbran a tomar la iniciativa. Yo los llamo los famosos «princesos», esos que están para recibir, para dejarse querer, para que los atiendas y los consientas, esos que te dicen «Reserva tú» o «No sé dónde vamos, donde tú quieras», «Pagamos a medias, ¿no?», «No hemos hablado porque tú tampoco me has escrito», «Ven a mi casa, yo estoy aquí». Además, suelen ser hombres inmaduros emocionalmente que no te eligen con firmeza, que tienen miedo al compromiso (no vaya a ser que pierdan su libertad) y quieren fluir sin etiquetas porque desean vivir el momento. No están disponibles para comprometerse en una relación estable, pero, sin embargo, se sienten inevitablemente atraídos por las mujeres resolutivas, proveedoras y con mucha iniciativa.

Esto no significa que algo en ellos o en ti esté mal, es solo que vuestras energías están invertidas. Y, oye, conozco a alguna pareja que es feliz así, ella con una energía masculina dominante y él con una energía femenina más desarrollada, y está bien, cada pareja encuentra el equilibrio a su manera. Sin embargo, si sientes que estás o has estado manteniendo una relación en la que te sientes agotada mentalmente, desgastada, y te gustaría no tener que encargarte tú de todo, entonces es momento de equilibrar tus energías. Te digo por experiencia que estar con un hombre femenino puede ser realmente frustrante y puedes sentirte literalmente como si tuvieras un hijo. Y tú, querida, no has venido al mundo a hacer de madre, ni de psicóloga, ni de salvadora ni de cuidadora. Tampoco a ser la que lo puede todo o la que no necesita a nadie. No es necesario que sigas viviendo desde la lucha, desde el modo alerta, desde la supervivencia; tú ya no tienes que sobrevivir a nada. Estás aquí también para dejarte cuidar, dejarte sostener, para brillar desde tu autenticidad y simplemente ser.

Imagínate que vas a una cafetería y hay dos mujeres sentadas, una de ellas está nerviosa, mirando el móvil, no levanta la cabeza, tiene cara de cansada, se percibe su estrés desde fuera, parece que está realmente ocupada, está seria y concentrada. La otra mujer está agarrando su taza de café caliente con ganas, con deseo, lo prueba lentamente con los ojos cerrados, saboreándolo, disfrutándolo; está relajada, está presente, mirando lo que hace la gente, está sonriendo y viviendo el momento.

La primera de ellas está conectada con su energía masculina, está en la posición de hacer, no fluye, no se divierte, no está abierta al momento que vive, está operando desde la razón. La segunda mujer está receptiva, está tranquila, está en el disfrute, está en su ser, viviendo las emociones del momento, está plenamente conectada con su energía femenina. ¿A quién crees que sería más fácil acercarse para entablar una conversación? ¿A la primera, que se la ve ocupada e inaccesible o a la segunda, que está relajada y abierta?

El magnetismo que desprende una mujer conectada con su energía femenina hace que el resto de las personas se sientan atraídas inevitablemente por ella, y no hablo solo de hombres, sino de todo el mundo.

No te digo con esto que dejes tu energía masculina de lado, no es tu enemiga, la necesitas. Pero no puede ser tu energía dominante, porque, cuando lo es, dejas de ser tú, dejas de ser mujer y empiezas a funcionar como si fueras un hombre. Y en esa dinámica será muy difícil atraer al tipo de hombre comprometido que deseas. Un hombre masculino, íntegro, presente, coherente y maduro, que no quiere competir contigo; un hombre que busca a una mujer conectada con su esencia, en paz con su energía y que esté abierta a ser sostenida. Eso es el auténtico magnetismo y se activa cuando vuelves a ti, cuando brillas desde tu centro, cuando dejas de perseguir. Esto hace que te vuelvas irresistible para ese hombre conectado con su energía masculina, porque emanas una energía realmente magnética y auténtica.

EJERCICIO

Quiero dejarte unas preguntas para que puedas observar de forma consciente y amorosa qué tipo de hombres estás atrayendo últimamente y desde qué energía te estás relacionando.
Piensa en los últimos dos o tres hombres que has atraído o que han estado presentes en tu vida (aunque no hayan sido pareja estable). Escribe sus nombres o iniciales y responde:

- ¿Eran hombres comprometidos y disponibles emocionalmente?
- ¿Tomaban la iniciativa o esperaban a que tú lo hicieras todo?
- ¿Te sentías sostenida, elegida y cuidada o tenías que tirar tú del vínculo?
- ¿Sentías que necesitabas demostrar constantemente tu valor o independencia?
- ¿Te costaba pedir, recibir o dejar que te cuidaran?
- ¿Qué emociones se activaban cuando bajabas el control?¿Ansiedad, culpa, incomodidad?
- ¿Qué energía estaba dominando en ti cuando te vinculaste con esos hombres?
- ¿Qué tipo de hombre deseas atraer hoy?
- ¿Qué energía necesitas cultivar más en ti para abrirte a ese tipo de relación?

ACCIONES CONSCIENTES PARA EQUILIBRAR TUS ENERGÍAS Y ELEVAR TU MAGNETISMO

Saber en qué energía estás habitando es el primer paso. Entender cómo afecta a tus relaciones es el segundo. Pero ahora viene lo más importante: ¿cómo vuelves a tu centro? ¿Cómo recuperas ese equilibrio interno que lo cambia todo? La clave no está en anular una energía y abrazar solo la otra; se trata de integrar ambas para encontrar el equilibrio y que las dos estén presentes y trabajen a tu favor.

Estar demasiado conectada con tu energía masculina puede llevarte al agotamiento, al control y a la exigencia. Estar demasiado conectada con tu energía femenina puede llevarte a la pasividad, al caos, a vivir sin dirección. Por eso, voy a mostrarte cómo podemos activar nuestra energía femenina de forma consciente.

La energía femenina no se fuerza, se despierta. Se cultiva con espacios de presencia, de escucha, de calma, de conexión, de creatividad y disfrute.

Aquí te dejo quince formas prácticas de activarla en tu día a día:

1. Escucha a tu cuerpo: busca diez minutos al día, túmbate en la cama sin ninguna distracción y solo pregúntate: «¿Cómo me estoy sintiendo? ¿Qué necesito en este momento? ¿Qué me apetece realmente?».
2. Baila sin técnica y sin juicio: pon música sensual o la que más te guste, apaga la mente y deja que tu cuerpo se exprese libremente. Siente tus caderas, tu pecho, tus pies... sin necesidad de «hacerlo bien».

3. Cocina una receta que tengas ganas de probar; hazlo sin prisa disfrutando del momento.
4. Pinta o dibuja algo que te guste y despierte tu creatividad.
5. Decora tu casa.
6. Escribe de forma intuitiva. Haz un *journaling* de emociones diarias.
7. Usa ropa bonita o sensual que te haga sentir conectada contigo, no para gustar, sino para gustarte a ti.
8. Camina más lentamente y con atención plena. Da al menos un paseo diario sin prisa, sintiendo cada paso, respirando con el entorno, como si lo vieras por primera vez.
9. Vete a tomar un café a un lugar bonito con una amiga. Conecta con mujeres con las que te sientas segura, sostenida y nutrida.
10. Concierta una cita contigo misma una vez a la semana. Un momento sagrado para ti: un baño de burbujas, ir a comer sola, ir al cine, tomar un vino viendo el atardecer...
11. Recibe sin justificar: acepta cumplidos, ayuda, regalos o palabras bonitas con un simple «gracias» sin sentir culpa ni necesidad de devolver algo.
12. Prioriza el descanso sin culpa, tu descanso también es productivo.
13. Practica decir «no» de una manera suave y firme. Di «no» a algo pequeño. Por ejemplo: «Te lo agradezco, pero realmente hoy no me apetece quedar porque necesito descansar».
14. Conecta con tu útero y con tu corazón. Una vez al día, durante dos minutos, pon la mano derecha en el pecho y la izquierda en tu vientre. Respira tres veces profun-

damente visualizando una luz rosa o dorada expandiéndose desde esos puntos.

15. Rodéate de belleza. Ten en casa flores frescas, velas, música, arte, aromas, luz cálida... Crea entornos que te nutran emocionalmente y estimulen tus sentidos.

Te invito a que empieces a integrar estas prácticas en tu día a día para que puedas empezar a conectar con tu feminidad. Siempre con aquellas acciones que vibren y resuenen contigo, que estén aliadas con tu esencia.

Sin embargo, ya sabes que no tenemos que entrar en lucha con la energía masculina. La energía masculina consciente te da estructura, dirección, sostén y protección interna. Pero, cuidado, no es esa versión rígida y controladora que hemos aprendido. Es una energía que te activa, pero sin agotarte por dentro.

Aquí tienes siete formas de cultivar tu energía masculina de forma sana:

1. Organiza tus prioridades con claridad. Diferencia lo urgente («hay que hacerlo ya») de lo importante («esto puede esperar»).
2. Planifica solo tres objetivos al día. No te sobrecargues con listas infinitas.
3. Crea tus negociables y no negociables. Decide algo que vas a priorizar esta semana (por ejemplo: «No respondo mensajes después de las diez de la noche» o «Sí a mi entreno diario».
4. Establece una estructura flexible para tus días. Crea horarios aproximados para tus comidas, descansos, trabajo, y espacio de disfrute.

5. Termina lo que empiezas, aunque sea a pasos pequeños. Eso aumentara la confianza en ti misma.
6. Sostén tus propios límites con firmeza y coherencia.
7. Decide sin miedo a equivocarte. No hay errores, hay aprendizajes.

Un ejemplo práctico de un día en el que ambas energías se activan de forma equilibrada sería este:

Hora	Acción	Energía
07:30	Te despiertas sin móvil. Respiras profundo, agradeces.	Femenina
08:00	Te organizas: ¿qué es importante hoy? Haces una pequeña lista clara y realista.	Masculina
09:00	Trabajas con enfoque, pero respetas tus descansos para estirarte o respirar.	Ambas
14:00	Comes despacio, sin pantallas. Disfrutas de los sabores, conectas contigo.	Femenina
16:00	Respondes ese correo incómodo poniendo un límite con firmeza y educación.	Masculina
19:00	Te regalas un paseo, una ducha caliente, música, baile, lo que te nutra.	Femenina

21:00	Lo apagas todo, te das un espacio para escribir cómo te sientes y qué necesitas.	Femenina
22:00	Duermes sabiendo que hiciste lo importante, sin exigencia, sin castigo.	Ambas

No se trata de hacerlo perfecto, se trata de encontrar el equilibrio. Una mujer magnética es una mujer conectada que encuentra la paz entre sus límites y su ternura, su dirección y su intuición, entre su acción y su entrega.

Una mujer en su magnetismo más puro no tiene que convencer a nadie de su valor, no corre detrás de ningún hombre, no persigue. Su energía ya habla por ella. No necesita estar haciendo esfuerzos para ser amada ni aceptada. Ese magnetismo nace de un equilibrio interno que surge de la coherencia entre lo que siente y lo que hace. Es la que sigue esa brújula interna que es guiada por sus valores como persona. Y, sobre todo, es la mujer que hace las cosas no para que la vean los demás, sino para ella. Es la que se elige, la que está enamorada de la vida que está construyendo. Ahí nace tu poder de atracción más profundo.

Así que no, querida, no es haciendo más como vas a atraer el amor que deseas, ni teniendo más, ni controlando más. Solo necesitas darte el permiso de ser tú. De abrazar tu intensidad, tu deseo, tu sentir. Es eso lo que te hace auténtica y libre, e irremediablemente atractiva.

LA HISTORIA DE JESSICA

Jessica era una mujer de treinta y dos años, muy guapa y empoderada en muchos sentidos de su vida. Hacía deporte todas las mañanas, tenía un buen puesto de trabajo en una clínica de cirugía estética donde era asesora de belleza y se llevaba muy buenas comisiones. Ya había hecho terapia en el pasado, tenía una buena relación con su familia y con sus amigas y le iba bien en muchos aspectos de su vida, pero no en el amor. Estaba frustrada porque estaba atrapada en ciclos de «casi algo», es decir, en relaciones fugaces que parecían que iban a tener potencial y ser satisfactorias, pero que finalmente nunca cuajaban.

Jessica trabajaba muchísimo, estaba todo el día delante de un ordenador vendiendo, asesorando y haciendo llamadas. Su trabajo implicaba planificar, controlar, contabilizar y muchas otras tareas que requerían una gran dosis de atención. Después de trabajar, se iba a entrenar y luego llegaba a casa, se duchaba, cenaba y se ponía una serie hasta que se dormía. Y el día siguiente era exactamente igual, sin sorpresas.

Hasta que un día empezó a tener ansiedad, insomnio, palpitaciones y un tic en el ojo izquierdo. Ella al principio no le dio mucha importancia, pensó que solo era estrés y que se le pasaría, pero no solo no se le pasó, sino que fue a peor. Se sentía cada vez más triste, empezó a tener ataques de llanto sin motivos aparentes, a sentir una sensación de agobio muy grande cada vez que ponía un pie en la clínica. Se sentía tan cansada que dejó de encontrar las fuerzas para ir a entrenar. Comenzó a sentirse mal con ella misma, sintiendo que era un robot que no paraba de producir y que no se permitía descansar. Estaba agotada física y mentalmente.

Hasta que un día se tiró en la cama después de trabajar, sin móvil, sin nada. Se quedó un rato mirando al techo en silencio y habló consigo misma. «Jessica, ¿qué necesitas?, ¿qué quieres hacer en este momento?». Y su respuesta fue: «Necesito no hacer nada, necesito simplemente dejar de hacer, necesito simplemente ser yo». Y eso es justo lo que hizo. Empezó a bajar el ritmo en el trabajo: seguía vendiendo y asesorando, pero ya no se preocupaba tanto si no realizaba una venta y no se llevaba esa comisión. Comenzó a tomarse pequeños descansos de diez minutos entre clienta y clienta para salir a tomar un café, al supermercado de enfrente o incluso a veces se encerraba en su despacho para hacer una meditación de cinco minutos.

Jessica estaba totalmente desconectada de su energía femenina del goce y el disfrute; estaba tan inmersa en su energía masculina, en hacer y cumplir con sus obligaciones, que se había olvidado del «ser». Llevaba años produciendo e intentando tenerlo todo bajo control, tratando de ser perfecta, lo que la llevaba cada vez más a dejar de ser ella misma. Nunca era suficiente para ella, porque siempre se podía tener más y hacer más. Y así se olvidó del ser, pensando que, cuanto más hiciera y más tuviera, más feliz sería. Y no le funcionó, te explico por qué.

La fórmula correcta es SER-HACER-TENER. No al revés. Solemos decir: «Cuando tenga novio seré feliz», «Cuando tenga esta casa seré feliz», «Cuando tenga este puesto de trabajo me sentiré mejor». Un ejemplo claro sería: «Cuando tenga más tiempo libre y motivación, me apuntaré a ese curso que quiero hacer y entonces seré una mujer más realizada y con éxito». Esto sería la fórmula contraria: TENER-HA-

CER- SER, que es desde la que mucha gente pretende tener la apreciada felicidad, pero es una trampa que nos aleja de ella. Nos hace creer que antes debemos tener algo externo (dinero, pareja, éxito) y luego hacer lo que creemos que nos dará bienestar y, finalmente, ser felices. Este enfoque pone nuestra paz en manos de factores que no controlamos y nos mantiene en una espera constante, condicionando nuestra alegría a algo que ocurre fuera de nosotras. Y, aunque logremos ese objetivo, la sensación suele ser pasajera, porque no hemos cultivado la identidad interna que lo sostenga. En cambio, cuando seguimos la fórmula SER-HACER-TENER, decidimos primero quiénes queremos ser y nos permitimos sentirnos plenas desde ahí, actuamos en coherencia con esa identidad, y como consecuencia, obtenemos resultados que refuerzan nuestro bienestar.

La felicidad verdadera nace de adentro hacia afuera, no al revés.

Cuando Jessica volvió a conectar con ella misma y entendió esta fórmula, su vida cambió por completo. Soltó el control y, las expectativas, y encontró el equilibrio entre la energía femenina (ser) y la energía masculina (hacer).

CAPÍTULO 7

EL ARTE DE ATRAER RELACIONES SANAS Y CONSCIENTES

Muchas mujeres hemos crecido pensando que el amor está relacionado con el sufrimiento, con hacer grandes sacrificios y con que hay que aguantar mucho para sostener el vínculo. Sin embargo, con el paso del tiempo nos hemos dado cuenta de que eso no es solo una creencia limitante, sino que, además, hoy nos lleva a tener relaciones llenas de altibajos, dolor, confusión y sufrimiento. Una relación sana no es una relación perfecta (porque las personas no lo somos), pero sí debe ser un espacio donde te sientas segura, respetada y valorada por ser quien eres sin miedo a que te abandonen o a que tengas que cambiar tu esencia para ser aceptada.

El problema es que, cuando hemos vivido tantas experiencias de dependencia emocional o relaciones tóxicas, o cuando hemos estado rodeadas de ejemplos de relaciones dañinas a nuestro alrededor, lo «normal» para nosotras puede estar distorsionado. Puede que hayamos confundido intensidad con amor, celos con interés o drama con pasión. Por eso es fundamental aprender a identificar desde el principio los indicadores de una relación sana, antes de que se formen lazos profundos emocionales que después nos costará más romper.

Quiero dejarte aquí los aspectos principales que tienen que darse cuando conoces a alguien para saber si esa relación va a ser sana o no:

- La paz como señal principal. Cuando tienes una relación sana, tu cuerpo lo sabe antes que tu mente. Hay algo en tu interior que sientes en paz, en calma y con tranquilidad. No estás constantemente en modo hiperalerta revisando tu teléfono para ver si esa persona te ha escrito, ni sintiendo ansiedad porque tarda en contestar; no necesitas analizar cada palabra o gesto para tratar de averiguar si todavía le gustas o te quiere. El vínculo fluye con naturalidad y total coherencia. No hay espacio para la duda, la confusión o la ansiedad. Cuando alguien está emocionalmente disponible y comprometido, no juega a las idas y venidas, no genera incertidumbre para «mantenerte enganchada» y no pone excusas constantes para justificar su ausencia o su falta de interés. La tranquilidad de saber que puedes confiar en lo que dice y en lo que hace es uno de los mayores indicadores de que estás en un terreno seguro. Tienes una relación con una persona cuyas palabras y acciones tienen coherencia, y que no tiene la necesidad de hacer que te sientas insegura con respecto a otras mujeres. Es una persona que se muestra con total transparencia, que te hace sentir segura y amada y que te demuestra que eres su prioridad.
- El respeto. En el amor sano, el respeto no se negocia. Respetar significa que esa persona valora tus opiniones, aunque no siempre las comparta, escucha tus necesidades y reconoce tus límites sin que tengas que justificarlos una y

otra vez. En las relaciones sanas no tienen cabida las faltas de respeto, en ninguna de sus formas. Una vez que se pierde el respeto, se ha perdido una de las bases fundamentales de la relación. En todas las relaciones sanas se discute —de hecho, es sano discutir—, pero lo que diferencia una relación sana de una tóxica es la manera de discutir y la forma de solucionar el conflicto. Así que, si desde un principio en tu relación se están dando faltas de respeto de cualquier tipo, ya te aseguro que no tienes una relación sana.

- La reciprocidad. Es importante que al principio —y durante toda la relación— exista un equilibrio entre la energía que invertís cada uno en el vínculo y la forma en que lo cuidáis. No se trata de llevar una cuenta exacta de quién hace más o menos, sino de que haya un equilibrio real. La relación no siempre será 50-50, pero si siempre eres tú quien da, quien propone, quien cede o quien sostiene la relación es probable que te acabes desgastando. Por lo tanto, es importante que exista un equilibrio entre dar y recibir.
- La comunicación clara y honesta. Una relación sana se construye sobre conversaciones sinceras, incluso cuando estas son incómodas. Poder hablar de lo que sientes, de lo que te preocupa, de lo que te duele o de lo que no te gusta sin miedo a represalias o a que te tachen de exagerada, intensa o loca es una señal de madurez emocional en la pareja. La honestidad no significa decir todo lo que pasa por la cabeza sin ningún filtro, sino comunicar con respeto buscando soluciones y no culpables. Actuando como un equipo, los dos contra un problema y no el uno contra el otro. Si notas que desde el principio ya hay evasivas, pocas ganas de sen-

tarse a tener una conversación, invalidación de tus sentimientos, verdades a medias o silencios prolongados que te generan confusión o inestabilidad, siento decirte que ese no es un buen indicio para tu paz mental.

- La libertad para ser tú misma. En un vínculo saludable, no tienes que fingir que eres alguien diferente para gustar o agradar, no tienes la necesidad de ponerte una careta para fingir ser quien no eres en realidad. En una relación sana no te van a exigir que reprimas tu esencia, que escondas tus logros para no incomodar o que cambies tus amistades y aficiones para encajar con la otra persona. Al contrario, tu autenticidad es bienvenida y es justamente por eso por lo que la otra persona te adora. La libertad de ser tú implica que puedes crecer, tomar decisiones y disfrutar de tu vida personal con amigos y familiares, sin miedo a que eso signifique «querer menos» a la otra persona. En una relación sana, ambos entienden que tener un espacio propio y planes de forma individual fortalece el vínculo. No existe por tanto el control, la posesión o la prohibición por ninguna de las partes, sino que se llega a acuerdos en los que ambos se sientan bien sin que eso afecte a la libertad o identidad de cada uno.
- La coherencia entre palabras y acciones. Algo que te va a ayudar a detectar si tu relación llegará o no a buen puerto es la coherencia entre los hechos y las palabras de tu pareja. Detente por un momento a observar: ¿es una persona que habla mucho, pero que luego no hace nada?, ¿cumple lo que dice?, ¿está presente cuando lo necesitas?, ¿te incluye en sus planes? Si ya desde el inicio te encuentras con ciertas incongruencias y sientes que esa persona promete mucho,

pero hace poco, puede haber falta de compromiso detrás. Suelen ser pequeñas *red flags* que solemos pasar por alto cuando idealizamos a alguien que acabamos de conocer, pero que después serán precisamente los motivos por los que se romperá la relación.

- La importancia de conocer bien a las personas. Date tiempo para conocer a las personas antes de vincularte emocionalmente. No te digo que no te ilusiones, pero, sobre todo al principio, debemos tener un poco los pies en la tierra. He trabajado con mujeres que tras solo dos citas me han dicho que habían conocido al hombre de su vida. No, querida, no. Ahí estamos proyectando todo lo que deseas tener en una relación en alguien que acabas de conocer, lo estás idealizando. En el amor no debe haber prisa alguna, dedica tiempo suficiente a conocer bien a esa persona, ¿qué valores tiene?, ¿qué está buscando?, ¿qué objetivos tiene en un futuro?, ¿está disponible emocionalmente en este momento?, ¿quiere compromiso o solo pasarlo bien? Toda esta información es importante antes de dar un paso más en la relación: te ahorrarás tiempo y energía si esa persona no es para ti o, por el contrario, sembrarás unas bases más sólidas para una posible relación fructífera.

Una relación sana comienza a construirse incluso antes del primer beso. En las primeras conversaciones, en los primeros encuentros. Empieza en la forma en que te valoras, en cómo te haces respetar, en los límites que tienes claros y firmes, en la disposición y paciencia que tienes para esperar a la persona adecuada en lugar de conformarte con el primero que venga con un halago y te preste un poquito de atención.

Sentirás la salud del vínculo desde el minuto uno en la calma que sientes, en el respeto que os tenéis, en vuestra comunicación, en la consistencia y estabilidad. Las relaciones sanas no son casualidad, son el resultado de haberte elegido tú primero.

CÓMO DETECTAR *RED FLAGS* CUANDO CONOCEMOS A ALGUIEN

En las relaciones, las señales de alerta (*red flags*) y las señales positivas (*green flags*) son como semáforos internos. Nos avisan de cuándo debemos frenar y ver las cosas con claridad y de cuándo podemos avanzar. El problema es que solemos pasar las *red flags* por alto desde el principio. Algunas mujeres no las ven y otras sí, pero las ignoran o las justifican. Te bastan dos o tres citas (incluso a veces una) para ver las señales de alarma, pero a veces nos hacemos las ciegas o las sordas porque queremos que la historia funcione a toda costa, porque el tío nos encanta físicamente o es «justo lo que estábamos buscando». El beneficio que encuentras al ignorarlas está claro: seguir manteniendo la relación con él, a pesar de haber visto comportamientos o escuchado palabras de su boca que ya te han dejado claro que esa persona no es la adecuada para ti.

Digamos que esas *red flags* son comportamientos, palabras, actitudes o situaciones que indican que esa relación puede ser poco sana para ti. Algunas no se ven a simple vista, a veces aparecen como pequeños detalles inofensivos, pero, con el tiempo, se vuelven problemas más grandes. Todas estas señales no son una invitación para que te pongas en modo salvadora e intentes arreglar a la otra persona, sino una señal de que debes protegerte y evaluar si eso es lo que quieres para tu vida o no.

Por otro lado, las *green flags* son indicadores de que estás frente a una relación saludable y que vale la pena invertir en ella. Y a veces también nos cuesta verlas. Son esas actitudes que generan seguridad, confianza y paz. Tengo que aclarar que estas *green flags* no son solo detalles bonitos aislados que la persona hace de vez en cuando o solo después de una discusión, sino comportamientos consistentes y duraderos en el tiempo.

No solo tendemos a ignorar las señales de alarma, sino que además también nos cuesta ver esas banderas verdes. Sobre todo, si hemos crecido en un entorno donde se ha normalizado el maltrato emocional, es posible que las *red flags* te parezcan «parte de la relación» y no algo grave. Del mismo modo, si no has tenido nunca una relación sana, las *green flags* pueden resultarte incómodas o incluso pueden aburrirte, porque no generan ese subidón de adrenalina que te da la montaña rusa emocional de una relación insana.

***Red flags* claras**	***Green flags* claras**
Que un hombre sea intermitente: que unos días se muestre muy intenso y otros días muy frío.	Que respete tus límites y te ayude a mantenerlos.
Falta de coherencia entre lo que dice y lo que hace.	Que cumpla sus promesas y sea coherente entre lo que dice y lo que hace.

Que no cumpla sus promesas.	Que se siente a tener conversaciones contigo, aunque sean incómodas.
Que no esté cuando lo necesitas.	Que esté abierto a resolver conflictos y a escuchar tus sentimientos
Que te desprecie o se burle de tus opiniones, emociones o logros	Que se alegre genuinamente por tus logros.
Falta de interés por tus necesidades o tu bienestar.	Que se muestre vulnerable contigo y sea claro con lo que siente.
Que no quiera sentarse contigo a hablar de temas importantes o no quiera resolver conflictos.	Que sea consistente y estable.
Que te falte al respeto de cualquier forma.	Que esté seguro de lo que quiere.
Que te presione para que accedas a lo que él quiere.	Que respete tu espacio y tiempo personal.
Que te manipule o te invalide.	
Que no haya superado a su ex o que hable mal de ella.	
Que no sepa lo que quiere y te maree.	
Que te mienta o te oculte cosas.	

Quiero dejarte un ejercicio práctico y reflexivo para que tú sola puedas identificar tus *red flags* y *green flags* personales. El objetivo es que reconozcas de forma consciente las conductas que son inaceptables para ti y las que sí quieres fomentar y buscar en una relación.

EJERCICIO

Primero te invito a que cierres los ojos un momento y pienses en tus relaciones pasadas. Quiero que apuntes ejemplos concretos de comportamientos que te hayan hecho daño y, debajo, comportamientos que te hayan hecho sentir cuidada, respetada o amada.

Me han hecho daño cuando...
Me han hecho sentir bien cuando...

Ahora te invito a que transformes esos ejemplos en *red flags* y *green flags* universales para ti, hasta que tengas al menos cinco ejemplos en cada una y los plasmes en esta tabla:

Mis *red flags*	**Mis *green flags***
Ejemplo: Evita hablar de los problemas y desaparece después de un conflicto.	Ejemplo: Afronta los conflictos con calma y buscamos soluciones juntos.

Una vez completada esta tabla, piensa en cuáles son tus valores esenciales en una relación (lealtad, sinceridad, empatía, libertad, compromiso...) y pregúntate:
¿Qué comportamientos de esta persona son coherentes con estos valores? (*green flags*)
¿Qué comportamientos atentan contra estos valores? (*red flags*)
Para anclar este ejercicio, guarda tus listas en un lugar visible (libreta, agenda, o incluso como nota en tu móvil). Cada vez que conozcas a alguien, revísalas y pregúntate: ¿Esta persona muestra más *green flags* o más *red flags*? Si veo una *red flag* importante, ¿estoy dispuesta a ignorarla o voy a proteger mi bienestar?

CÓMO AMAR A ALGUIEN SIN PERDERTE A TI

Un aspecto muy importante a la hora de vincularnos con el otro de manera sana es no olvidarnos de nosotras y, sobre todo, no abandonarnos. Ya sé que es fácil decirlo y, a veces, no tanto hacerlo. Pero no hay forma de tener una relación saludable si te fundes con el otro y te dejas de lado.

Ya sé que quizá llevas mucho tiempo soltera y tienes muchas ganas de conocer a alguien. Y es lógico que, cuando conoces por fin a alguien que te gusta, te ilusiones y pongas energías en que esa relación salga bien. Pero una cosa es echarle ganas y otra es dejar tu vida de lado para centrarte únicamente en esa persona. Es normal tener muchas ganas de ver al otro, de hacer planes, de pasar tiempo juntos, pero no te olvides de cuidarte a ti también. Debes tener muy claro cuáles son tus negociables y tus no negociables en la vida. No te digo que no cedas nunca por el otro porque no se trata de ser rígida, pero debes marcar unos límites mínimos y respetarlos.

Cuando nos vinculamos con alguien debemos recordar que somos seres individuales. Viniste sola al mundo y te irás sola de él. Los hombres van y vienen, pero tú siempre te vas a tener a ti misma. No puedes dejar tus *hobbies*, tus sueños, tus metas, tu ejercicio, los planes con tus amigas, tu familia... por dedicarle todo tu tiempo a una persona que acabas de conocer solo porque en el fondo tienes miedo a que no salga bien. El amor sano no requiere sacrificios. Y por eso es importante que te pongas límites a ti misma y que sepas controlar y gestionar tus emociones. Por ejemplo, si el chico al que estás conociendo te propone que vayas a verle a su casa esta tarde, pero tú esta tarde tienes clase de *crossfit* y para ti eso es un innegociable de verdad, entonces el chico puede esperar o se adaptará a verte en otro momento si realmente está interesado en ti. Además, resulta mucho más atractivo para un hombre que mantengas tus planes y no dejes de lado tus indispensables por verle a él.

Yo misma, en el pasado, me abandoné por darle prioridad a mi pareja o a alguien que acababa de conocer. Estudiaba, salía con mis amigas, pasaba tiempo con mi familia, tenía *hobbies* y cosas que hacer, pero dejaba de hacer todo eso para estar más tiempo con mi pareja. Y eso la otra persona no solo lo siente, sino que lo ve. ¿Y adivinas qué pasó? Pues que fue mi pareja quien terminó abandonándome a mí, literalmente porque la primera en abandonarme fui yo. También lo hacía cuando perdonaba faltas de respeto, insultos, infidelidades, mentiras o cuando no ponía límites. Y así año tras año y relación tras relación, me fui perdiendo a mí.

Hace poco, una amiga con la que estaba hablando me dijo que ella estaba bien soltera, que se había acostumbrado a estar así y que no tenía ganas de iniciar ninguna relación. Al hablar de las relaciones utilizaba un tono un poco despectivo, como si enamorarse fuera malo. En cierto momento le pregunté: «¿A qué tienes miedo?». «A que no salga bien y que me hagan daño otra vez», fue su respuesta. Con lo cual entendí que no le tenía miedo al amor, sino al sufrimiento que una vez vivió.

No tenemos miedo al amor, porque el amor en sí es algo maravilloso, tenemos miedo a un dolor antiguo o a perdernos a nosotras mismas en una relación, porque sabemos que, a veces, en cuanto nos vinculamos nos empezamos a obsesionar con la otra persona, nos entra ansiedad, todo el centro de nuestra vida empieza a ser esa persona, aunque la acabemos de conocer, dejamos de hacer planes y de dedicarle tiempo a nuestras pasiones u objetivos por estar más tiempo con esa persona. Querida, cuando esto pasa es que te está dominando el miedo. El miedo a no ser elegida, a no ser suficiente, el miedo a no gustarle al otro y, sobre todo, el miedo a que te dejen.

Por lo tanto, si te resuena la frase: «No necesito a nadie en mi vida, todos dan problemas», déjame decirte que cuando te vinculas emocionalmente con otra persona y empiezas una relación, siempre va a haber una parte de ti que vas a darle: tu vulnerabilidad, tu sensibilidad, tus sentimientos, tus miedos, etc. Y eso es así, de lo contrario sería imposible tener relaciones genuinas hoy en día. Y toda esa parte que nosotras le damos al otro, en realidad, es un poder. El poder de cuidar como un tesoro todo eso que le estamos otorgando con todo nuestro amor y con miedo, o el poder de utilizarlo para hacernos daño, incluso de destruirnos. Por eso hay que elegir muy bien a la persona a la que le estamos regalando ese tesoro y estar seguras de que es la indicada para protegerlo. Y esto ocurre en todas las relaciones afectivas, también en las de amistad. Cuando conectamos con alguien, existe la posibilidad de que nos ame con todos esos miedos y que los cuide, y, por otro lado, la posibilidad de que nos haga daño. De eso tratan la vida y las relaciones, y es un riesgo que debemos asumir si queremos construir vínculos sanos: abrirnos de par en par, incluso con miedo, y confiar. Soltar el control, dejar que las cosas pasen como tengan que pasar. No está en tu mano si la otra persona decide o no hacerte daño; dependerá de sus valores y de sus principios, en ningún caso de ti.

Es comprensible tener miedo, pero no puedes permitir que este te domine. Imagínate que alguien sintió que estaba en peligro al bañarse en un mar embravecido, con unas olas enormes. Tragó agua, notó que la corriente la arrastraba y le costaba respirar. Cuando, finalmente, salió del agua, se moría de miedo. Después de esa experiencia traumática, cada vez que vuelva a esa playa y mire el mar sentirá pánico al pensar en volver a bañarse. Esa persona necesita recuperar la confianza, metiendo los pies en el agua suavemente, mojándose las manos y el abdomen despacio, a su propio ritmo, hasta que logre soltar ese miedo a revivir lo que sucedió y se sienta capaz de volver a bañarse. ¿Qué es importante considerar también en ese momento? Observar cómo está el mar antes de meterse, si está calmado o agitado. Si percibe que el mar está tranquilo, se sentirá más segura al entrar; pero si ve que el mar está bravo, será mejor que elija otro momento u otra playa.

Así que sí, asegúrate de a quién le entregas ese tesoro que son tus sentimientos y, cuando lo hagas y tu intuición te diga que es ahí, confía, suelta el control y déjate llevar. Y, sobre todo, mantén tu independencia porque es maravilloso tener una relación donde cada uno tiene su espacio íntimo para progresar de manera individual y después poder compartirlo con el otro. Y si alguien se quiere ir de tu vida porque no accedes a sus deseos o peticiones, entonces no es la persona adecuada para ti.

¿Y cómo se consigue esto? La respuesta es sencilla, aunque no fácil: entrenando el amor propio todos los días. Porque cuando sabes lo que vales, no te «vendes» por menos. No mendigas, no persigues, no convences y no aceptas migajas.

Sigue con tus planes, tus metas, tu camino. Y si alguien quiere caminar contigo de la mano, genial, que se ponga a tu paso. Si no, mejor que se aparte y que no estorbe, porque tu vida no puede pararse por nadie.

No debes poner tu vida en pausa para encajar en la del otro.

Mantenerte fiel a ti misma no es egoísmo, es respeto por tu persona. Es entender que el amor no es renunciar a todo aquello que tú eres, sino armonizar tu esencia con la de la otra persona. Y si no encaja, no hay nada que forzar. He aprendido que cuando dejas de lado tus sueños y tu esencia por alguien, no solo terminas perdiendo a esa persona... te pierdes a ti misma. Y volver a encontrarte puede costar años. No lo hagas. No te dejes.

Así que, cuando ames, hazlo con todo el corazón, pero con los pies firmes en el suelo y la mirada puesta en ti. Ábrete, confía, comparte... pero nunca, jamás, te olvides de quién eres. Porque el amor más grande y duradero que tendrás en tu vida es el que te das a ti misma. Y eres tú la única que va a estar contigo para siempre.

EL ATRACTIVO DE LA INDEPENDENCIA FEMENINA

Ser una mujer independiente no significa estar siempre sola, alejada del amor o no necesitar a nadie. Ser independiente significa ser una mujer que sabe cuál es su valor, una mujer que cuida de sí misma, que no necesita la constante validación de su pareja. Significa saber sostenerse a una misma incluso cuando amas y saber que, si la otra persona se va de tu vida, tú seguirás entera y recorriendo tu camino.

Muchas personas piensan que ser independiente emocionalmente implica cerrar tu corazón y no necesitar tener una pareja. Yo a esto lo llamo «el falso empoderamiento femenino», que se sitúa completamente en un extremo. La independencia emocional significa que tus emociones no dependen del otro para sentirte bien. Nuestro estado de ánimo no debe de depender del de nuestra pareja. Obviamente, si él tiene un mal día podemos ponernos en su lugar y sostenerlo, pero en ningún caso nuestras emociones pueden depender de su comportamiento. Puedes estar ahí para él, pero manteniéndote firme y sin renunciar a tu poder personal. Eso hará que seas una pareja fuerte, serena y estable, capaz de aportar emociones positivas a la relación.

Si, por ejemplo, tu pareja hoy te llama menos o está un poco más distante, eso solo está hablando de su mundo interno, no del tuyo. Por lo tanto, probablemente no tenga nada que ver contigo, así que eres tú la que en esos momentos debes autorregularte y no tomártelo de una manera personal. Respira, da un paseo bajo el sol, sal con una amiga, haz deporte, lee, medita... y aprende a sostenerte a ti y a estar contigo en esos momentos. Es esa autonomía la que te va a dar más felicidad y estabilidad emocional.

El mayor beneficio de ser independiente emocionalmente es dejar de aceptar menos de lo que te mereces. Ya no aceptas comportamientos que vayan contra tu dignidad y tus valores solo por miedo a quedarte sola; ahora puedes empezar a disfrutar de tu pareja sin miedo constante a perderla. Y, además, comienzas a atraer a personas más alineadas contigo que no buscan que las completes, sino compartir el camino juntos.

En cuanto a la independencia social, se refiere a un estado en el que una mujer mantiene su círculo de amigos, familia e intereses externos que no dependen solo de su pareja. Tu pareja no puede ser tu única fuente de felicidad. No puede ser tu novio, tu mejor amigo, tu familia y tu todo. Tu novio es tu novio y ese es el rol que él debe cumplir. No puede suplir el resto de papeles porque no le corresponden.

Imagina que conoces a dos mujeres. Una de ellas, cuando su pareja se va de viaje o está ocupada, se queda vacía, se aburre, no sabe qué hacer con su tiempo, necesita llamarle constantemente para sentirse conectada. La otra, cuando no está con su pareja, sigue con sus rutinas, disfruta de sus planes, se cuida, queda con sus amigas, avanza en sus proyectos.

¿A quién crees que le resulta más fácil mantener la admiración y el interés en una relación? Exacto: a la segunda. Porque, cuando tienes tu propia vida y tu propio centro, el otro no siente que te carga, sino que te acompaña. Y eso genera un espacio mucho más sano, donde ambos podéis crecer. Y, además, genera respeto y admiración en el otro.

También es muy importante mantener cierta independencia financiera. Una mujer que no depende económicamente de un hombre y que puede cubrir sus propias necesidades establece una dinámica de igualdad en la relación más fácilmente. Tener tu propio trabajo o ahorros te dará libertad en todos los sentidos.

En general, a nadie le atrae una persona dependiente o que está intentando llenar un vacío contigo. Imagina que conoces a un hombre de unos treinta años que te dice: «Bueno, yo lo que estoy buscando es una novia. La verdad es que en mi trabajo no estoy mal, pero tampoco bien. Pero bueno es lo que hay y toca aguantar. Me dedico a ver Netflix, pasear al perro e ir de cervezas con los colegas. No me gusta viajar y tampoco tengo dinero para hacerlo, yo estoy bien en mi ciudad con mi gente. *Hobbies* no tengo muchos. ¿Objetivos? Bueno, quizá comprar una casa dentro de unos años porque vivo con mis padres, pero lo veo difícil. Y no sé, ahora me apetece tener una novia con quien ver pelis, comer, dormir y esas cosas». Dime la verdad, ¿a ti te gustaría conocer a alguien así? ¿Sentirías admiración e interés por conocerle? No, ¿verdad? Pues a los hombres tampoco. A ellos también les atraen las mujeres que son felices con su vida, con quienes ellos se sienten elegidos y no necesitados. La energía en la que vibramos cuando amamos por elección y no por necesidad es muy diferente. En la primera vibramos en el miedo, en la escasez. Todo lo que hacemos o decimos está condicionado por el miedo de perder a esa persona. En cambio, desde la elección, vibramos alto, en amor y seguridad. Y desde ahí se construyen vínculos increíbles.

Por tanto, la independencia emocional no te aleja del amor, te acerca al amor sano. Es la base para que puedas abrirte de verdad, porque ya no amas desde el miedo a perder, sino desde la alegría de compartir. Esta independencia va a permitir que cada uno siga creciendo individualmente y al mismo tiempo os mostréis mutuo apoyo. Creará un ambiente de confianza en el que cada uno tendrá la libertad de perseguir sus metas sin sentirse asfixiado o atrapado. No hay control, no hay cadenas. Solo un «Estoy aquí contigo, creo en ti, te apoyo». Esta dinámica solo fortalecerá la relación y hará que el vínculo sea más sano y fuerte.

ELEGIR CON CONCIENCIA: EL PODER DE TUS ESTÁNDARES

Elegir a alguien con quien compartir tu vida desde un elevado nivel de conciencia no es fácil. Sobre todo, si vienes de relaciones de dependencia emocional o tóxicas porque, en ese caso, tus heridas han estado eligiendo por ti y has estado confundiendo intensidad, drama o sufrimiento con amor. Y cuando tienes este miedo a estar sola o a no encontrar nada mejor, terminas conformándote y bajando la guardia, aceptando cualquier cosa solo por no sentir ese vacío. Elegir desde tus estándares implica tener paciencia y esperar a que llegue la persona indicada, sin importar el tiempo que estés soltera.

A lo largo de mi carrera profesional he escuchado a muchas mujeres decir: «Voy a tener que bajar un poco el listón, porque a este paso no voy a encontrar a nadie». Cuando lo escucho, casi me sale urticaria. Una cosa es esperar un príncipe azul como los que nos ha pintado Disney, pretendiendo encontrar a hombres perfectos creando expectativas irreales, y otra es tener que bajar tus estándares y aceptar menos de lo que te mereces por miedo a quedarte sola. No, señora.

Si tú has colocado ese listón en un lugar alto es por un motivo. Y está donde tiene que estar. Así que ahora que sabes lo que mereces y no quieres conformarte con menos que eso, te toca esperar y ser paciente. Los estándares son necesarios, porque cuando no los tienes, no sabes lo que quieres, lo que estás dispuesta a tolerar y lo que no, y entonces es muy fácil caer en relaciones mediocres con personas que no desean construir lo mismo que tú.

Yo también me conformé muchas veces con menos de lo que necesitaba. Justificaba las faltas de respeto o de interés de los hombres con frases como: «Bueno, es que él es así» o «Nadie es perfecto». Fingía que no me gustaban tanto las flores, las notitas, los detalles, porque mi expareja no era detallista, y eso me rompía por dentro. Al final estaba aceptando actitudes que no estaban alineadas con mis valores y mi esencia.

Por eso quiero que entiendas que tus estándares no son caprichos. Son una manera de autoprotegerte y de recordarte tu valor. Eso sí, deben ser realistas y alcanzables. Y, por supuesto, debes saber que esos estándares que pides al otro también debes cumplirlos tú. Si le estás pidiendo a un hombre que sea detallista, deportista, cariñoso y atento, la primera que debe convertirse en esa persona para obtener lo mismo eres tú. Y cuanto más alineada estés tú con esos estándares que buscas, más fácil te será encontrar a una persona que los cumpla, te lo aseguro.

EJERCICIO

Un ejercicio poderoso para empezar a crear tus estándares es elaborar tu lista de «mis imprescindibles» (cosas que para ti son básicas en una relación) y «mis innegociables» (lo que no aceptarás nunca, sean cuales sean las circunstancias, en una relación).

Te dejo esta tabla para que la rellenes y puedas verlo con mayor claridad. En la columna de la izquierda, «Mis imprescindibles», anota al menos cinco cosas que para ti son básicas en una relación sana: respeto, coherencia, honestidad, cariño, apoyo en tus proyectos... piensa en lo que de verdad te hace sentir en paz y cuidada. En la columna de la derecha, «Mis innegociables», apunta lo que no aceptarás en ninguna circunstancia: mentiras, faltas de respeto, indiferencia, celos desmedidos, manipulación, violencia verbal o física.

Mis imprescindibles	Mis innegociables

Una vez la tengas completada, esta tabla será tu brújula interna. Y será mucho más difícil que te autoengañes cuando conozcas a alguien porque tendrás delante tu propia verdad. Esta lista debe ser algo así como la ley universal para entrar en tu reino y en tu corazón. Es un recordatorio de lo que te mereces. Así que a partir de ahora tenla en cuenta y, sobre todo, no la traiciones.

Elegir una pareja con conciencia no significa no escuchar a tu corazón y solo hacer caso a tu mente racional, sino llevar a los dos de la mano. Se trata, por una parte, de dejarnos llevar, ilusionarnos, sentir, etc. Y, por otra, de tener un pie en la tierra y no idealizar a quien acabamos de conocer. Comenzar una relación desde tus propios estándares hará que el vínculo tenga de entrada una base más sólida. Todo es más tranquilo, no vives en una montaña rusa emocional dudando de si esa persona volverá a llamarte, de si quiere o no lo mismo que tú o de si le has dado lo suficiente para que se quede. Porque no le has elegido desde el miedo, sino desde tu seguridad interna y desde la calma. Y esa misma calma es la que debes sentir al mantener ese vínculo, porque te va a dar la seguridad de que estás con alguien alineado con quien tú eres y eso va a abrir un espacio más profundo para la pasión y el disfrute. Porque las relaciones conscientes también se viven apasionadamente y de forma intensa, pero con la diferencia de que son estables y duraderas.

Así que quiero que te grabes esto: cada vez que eliges desde tus estándares, estás eligiéndote a ti. Y cada vez que los traicionas, te abandonas. El amor sano empieza mucho antes de conocer a alguien, empieza cuando decides que tu valor no está en juego, pase lo que pase. Empieza cuando entiendes que más vale esperar soltera un poco más que compartir tu vida con alguien que te rompe por dentro.

Así que no tengas miedo de sostener tus estándares. Tenerlos solo te alejará de quien no te conviene y te acercará a quien de verdad esté alineado contigo. Quien de verdad quiera caminar contigo los respetará sin dudar. Y si alguien se marcha porque no accedes a bajarlos, entonces esa persona no era para ti.

CAPÍTULO 8

ENTENDIENDO A LOS HOMBRES: MADUREZ, INMADUREZ Y ATRACCIÓN CONSCIENTE

Un hombre emocionalmente maduro no es un hombre perfecto. Como ya he dicho, los hombres perfectos no existen. No es una persona que nunca se equivoque, ni alguien que siempre sabe qué hacer. La madurez emocional realmente se mide en la capacidad de reconocer los propios errores, de pedir perdón cuando hace falta, de aprender y crecer en la relación. La diferencia no está en la ausencia de fallos, sino en tener autocrítica cuando es necesario y saber gestionarlos adecuadamente.

Por otro lado, la madurez no tiene nada que ver con la edad, ni con el trabajo o los bienes que se tengan. Conozco a mujeres que me han dicho: «Tiene ya cuarenta años, casa y coche propios y un buen trabajo, sabe lo que quiere y es supermaduro». Hay hombres con más de cincuenta años que siguen comportándose como adolescentes, que rehúyen de la responsabilidad, que se asustan del compromiso o que buscan culpar a los demás de su propio vacío. Y, por el contrario, hay hombres jóvenes que ya han hecho un trabajo interno profundo y que saben sostener una relación con respeto y claridad. Así que no, una mayor edad no se corresponde con una mayor madurez emocional. De nada sirve tanta madurez en el trabajo o en otros ámbitos si luego mete la pata y no sabe pedirte perdón, o discutís y te deja de hablar durante tres días.

Otro aspecto que define al hombre maduro es que no juega con tu tiempo ni con tus emociones. Desde el principio es claro en sus intenciones. No está contigo un día entero diciéndote lo mucho que le encantas para después desaparecer durante una semana sin dar explicaciones. No te marea. No te mete en un bucle de dudas constantes ni te hace sentir que tienes que estar analizando cada gesto suyo para descifrar qué lugar ocupas en su vida. Cuando un hombre es maduro, su presencia se siente porque hay coherencia entre lo que dice y lo que hace. Y esa coherencia es tremendamente atractiva. Porque cuando estás al lado de alguien que cumple su palabra, que te llama cuando dice que lo hará, que te incluye en sus planes sin necesidad de que lo persigas, la calma que se genera es impagable. Con un hombre así no estás todo el tiempo pendiente del móvil ni preguntándote si de verdad le importas. Lo sabes. Lo notas. Su constancia es su forma de decirte que estás en su vida porque te quiere ahí, no porque le conviene o porque no tiene nada mejor que hacer.

Otra señal de que se trata de un hombre maduro es que entiende que mostrar vulnerabilidad no le hace parecer débil. Puede hablarte de sus miedos, de sus preocupaciones, de sus sueños y de sus heridas. No siente que al abrirse contigo pierda autoridad ni valor, porque ha entendido que la verdadera fortaleza no está en aparentar ser duro, sino en ser auténtico. La diferencia está en que no busca que tú lo salves, no te coloca en el papel de su psicóloga, ni en el rol de su madre. Se hace cargo de sí mismo, pero lo comparte contigo porque confía y porque quiere que lo acompañes en el camino.

Un hombre de verdad, cuando surge un conflicto, no huye ni estalla. No utiliza el silencio como castigo ni los gritos como forma de imponer. Un hombre maduro sabe escuchar, sabe dialogar y, aunque se enfade, busca soluciones. Es un hombre que se sienta contigo a tener esa conversación incómoda y que quiere hablar para encontrar soluciones, aunque no le apetezca o esté enfadado. Entiende que las diferencias no son una amenaza, sino una oportunidad para crecer y conocerse mejor. Y, si se equivoca, pide perdón de verdad, no con frases vacías para salir del paso, sino con hechos que demuestran que quiere hacerlo mejor.

La madurez también se nota en cómo vive el compromiso. No le asusta la palabra porque sabe que comprometerse no significa perder libertad, sino construir algo juntos. Sabe que no se perderá a sí mismo por estar contigo. Un hombre maduro no se esconde detrás de excusas como «No estoy listo» o «Ahora no quiero nada serio». Si está contigo es porque lo ha elegido, y reafirma esa elección con sus actos cada día.

Otra señal muy clara es cómo reacciona ante tu brillo. Un hombre inmaduro se siente amenazado por tus logros, te resta importancia o intenta competir contigo. Un hombre maduro, en cambio, se alegra de verte crecer. Te impulsa, te apoya, celebra tus victorias como si fueran suyas, es tu mayor fan, porque no siente que pierda nada cuando tú ganas. No se siente menos hombre ni inferior a ti. Al contrario, se siente orgulloso de tener a su lado a una mujer que se expande y que brilla sin parar.

La independencia también es algo que respeta y admira. No necesita que renuncies a tus amigas, a tu familia, a tus *hobbies* o a tus sueños para sentirse amado. Al contrario, le encanta que tengas tu mundo, porque sabe que eso es lo que te hace interesante, lo que te hace brillar. Un hombre maduro quiere compartir la vida contigo, no apropiarse de ella. No tiene miedo a perderte o a que encuentres algo mejor, es un hombre seguro de sí mismo que sabe que mantener tu propia vida es sano para la relación.

Y algo que me parece fundamental: un hombre maduro te elige cada día. No porque te necesite, sino porque quiere estar contigo. No porque no pueda estar sin ti, sino porque contigo crece, porque contigo todo tiene más sentido. Contigo tiene ese plus de felicidad. Lo notas en su mirada, en sus detalles, en la manera en que sostiene la relación sin que tú tengas que estar empujándola.

Conocer por fin a un hombre maduro después de haber estado con personas no disponibles o con niños atrapados en cuerpos de hombres puede resultar increíble, incluso abrumador. He conocido a mujeres que, después de años de relaciones con hombres inmaduros, se sorprendían al estar con alguien maduro. Me decían: «Es que es tan fácil que me da miedo. No hay dramas, no hay juegos, no hay montañas rusas. Está ahí, siempre está. Y me cuesta creer que esto sea real». Y la verdad es que sí, es real. El amor maduro no genera ansiedad, genera calma. Y esa calma es un regalo.

Por eso quiero que recuerdes esto: un hombre maduro no viene a rescatarte ni a completarte. Viene a caminar contigo. A sostenerte cuando lo necesites y a dejarse sostener cuando lo necesite él. Viene a sumarte más felicidad, no a quitártela. Y cuando conoces esa diferencia, ya no puedes conformarte con menos.

LOS HOMBRES INMADUROS: SEÑALES Y PATRONES QUE NO DEBES IGNORAR

De la misma manera que un hombre emocionalmente maduro te proporciona calma, un hombre inmaduro te genera una tormenta. La diferencia se nota rápido, aunque muchas veces nos autoengañemos y prefiramos no verla porque estamos demasiado ilusionadas, porque nos gusta mucho el chico o porque el deseo de que funcione es más grande que la realidad que tenemos delante. La inmadurez emocional aparece en los gestos y en las actitudes de la persona. El problema es que, cuando no hemos sanado del todo, esos comportamientos nos resultan familiares y hasta nos producen cierta descarga de adrenalina que percibimos como algo emocionante. Un sentimiento poco parecido al que te da una persona madura en una relación sana.

Un patrón muy común de los hombres inmaduros es la incoherencia. Hoy pueden decirte que eres lo más importante para ellos, mandarte un montón de mensajes, prestarte mucha atención, y mañana desaparecer como si nada. Prometen planes, proyectos, viajes o una vida en común, pero, cuando llega el momento de dar el paso, siempre surge una excusa. Hablan mucho y hacen poco. Y, mientras tanto, tú te quedas atrapada en esa espera eterna, enganchada a ese potencial que crees que tenéis, en esa expectativa de «lo que seréis algún día», convencida de que, si aguantas un poco más, esta vez sí cumplirá lo que dijo. Pero no, nunca llega. La realidad es que un hombre inmaduro rara vez sostiene con hechos lo que dice. Y esa incoherencia te acaba desgastando y desilusionando, porque te obliga a vivir en la incertidumbre constante, tratando de interpretar señales donde debería haber claridad y transparencia. Terminas mirando el móvil cada cinco minutos esperando un mensaje o una llamada, preguntándote si hiciste algo mal, justificando sus ausencias y su falta de interés con argumentos que incluso tú misma te inventas. Y ahí, en ese ciclo de dudas, sin darte cuenta, pierdes la paz.

Otro patrón muy claro es el de necesitar ser salvados. Los hombres inmaduros suelen buscar mujeres que les den lo que ellos no saben darse: apoyo, motivación, dirección, incluso estabilidad. Se enganchan a ti como si fueras su salvación, y, si llevas dentro el rol de salvadora, es fácil caer en esa trampa. Piensas que con tu amor, tu paciencia y tu entrega lograrás que cambien. Pero la verdad es que nadie cambia si no quiere. Y un hombre inmaduro no suele hacerse cargo de sí mismo porque siempre encuentra a alguien dispuesto a sostenerlo. Siempre querrá que asumas tú sus responsabilidades y que te encargues tú de sus problemas. Y, obviamente, terminas agotada.

También aparece mucho el miedo al compromiso. No porque no quieran amarte, sino porque amarte de verdad exige responsabilidad. Y ellos no están dispuestos a ser mejores, a tener responsabilidad afectiva, empatía, consistencia y otras cosas que requiere el compromiso. Están cómodos así. Para un hombre inmaduro, el compromiso suena a pérdida de libertad, a limitación, a jaula. Prefieren quedarse en relaciones ambiguas, en «casi algo», en historias que no tienen que definirse. No quieren etiquetas. Ni entran ni salen, se quedan en medio. Porque ni ellos mismos tienen claro lo que quieren. Y si les pides claridad, se incomodan, te tachan de intensa, te culpan por «querer demasiado» o directamente huyen.

La manera en la que gestionan los conflictos también es muy reveladora. Un hombre inmaduro no sabe manejar la frustración: o explota y hace pataletas, o utiliza el silencio durante días como forma de castigo. No posee herramientas emocionales para tener una conversación desde el respeto ni para buscar soluciones. Para él, una discusión es un campo de batalla donde hay que ganar, no un espacio para crecer juntos. Y muchas veces, antes de enfrentarse a una conversación incómoda, prefiere desaparecer. Es una situación que no sabe gestionar, lo sobrepasa emocionalmente y le es más cómodo huir.

La inseguridad es otro rasgo de un hombre inmaduro emocionalmente. Suelen sentirse amenazados por tu brillo. Les molesta. Si tienes éxito en tu trabajo, si te reconocen, si creces, en lugar de alegrarse contigo, te restan importancia. Hacen comentarios irónicos, minimizan tus logros o simplemente los ignoran. Porque tu luz les hace conectar a ellos con un sentimiento de inferioridad o insuficiencia, y, en vez de inspirarse, compiten contigo o intentan rebajarte para no sentirse menos. Si un hombre necesita tenerte a ti más «bajita» para él sentirse mejor... sal de ahí.

Lo más duro de todo esto es que, a pesar de lo dañinos que son estos patrones, muchas veces un hombre inmaduro engancha más que uno maduro. ¿Por qué? Porque la montaña rusa de emociones, los celos, los juegos de poder y los altibajos constantes generan adrenalina. Esa intensidad se puede confundir con pasión, cuando en realidad es toxicidad. Imagina por un momento un fin de semana con un hombre inmaduro. El viernes te envía un montón de mensajes y hace planes increíbles contigo. El sábado aparece a última hora, cambia los planes en el último momento y, cuando le preguntas, te responde mal o se pone a la defensiva. El domingo desaparece sin explicación, y tú terminas con un nudo en el pecho, repasando cada palabra de la conversación para entender qué pasó. Esa es la esencia de la inmadurez: te lo da todo en un momento y al siguiente te lo quita, hasta dejarte confundida, agotada y con la autoestima por los suelos.

Yo misma estuve atrapada en relaciones así durante años. Relaciones donde me ilusionaban con promesas vacías, donde me convencía de que «con un poco más de paciencia» todo iba a cambiar. Pero lo único que cambió fue la forma de verme yo; me sentía cada vez más pequeña, más insegura, más ansiosa. Y lo entendí tarde, pero lo entendí: un hombre inmaduro no sabe darte lo que mereces porque aún no ha aprendido a dárselo a sí mismo. Por eso quiero que te quede grabado que tu tarea no es salvar a nadie. No tienes que educar a un hombre ni moldearlo para que sea lo que tú necesitas. No eres su madre, ni su terapeuta ni su salvadora. Tú no estás en este mundo para aguantar que te mareen, sino para elegir un amor que te haga sentir bien. Y elegirte a ti significa salir de ahí antes de que te pierdas del todo. Un hombre inmaduro puede engancharte, sí, pero nunca te dará paz. Y el amor, el de verdad, te hará sentir segura. El amor sano no es una montaña rusa de emociones, es un lugar de descanso, de calma y de expansión. Así que, cuando detectes estos patrones, no los justifiques, no los normalices, no pienses que con tu amor cambiarán. Míralos como lo que son: señales de que ahí no está lo que buscas. Y recuerda siempre que, cuando sueltas lo que no es para ti, dejas espacio para que llegue lo que sí.

CÓMO EVITAR CAER EN EL PAPEL DE «SALVADORA»

Si hay un rol en el que muchas de nosotras hemos caído más de una vez es el de la salvadora. Y no me refiero a dar cariño, a apoyar a tu pareja cuando lo necesita o a estar disponible, que es lo natural en cualquier relación sana. Me refiero a cuando conviertes tu relación en tu proyecto personal, cuando empiezas a invertir tu energía en cambiar al otro, en hacer que evolucione, en darle lo que él mismo no se sabe dar. Es ese momento en el que, sin darte cuenta, pasas de ser su pareja a ser su madre, su terapeuta, su *coach*, su red de seguridad. Y si lo has vivido o lo estás viviendo, lo entiendo, porque muchas mujeres crecemos con la idea de que nuestra valía está en dar, en sostener, en curar las heridas de otros. Es como si desde niñas nos hubieran metido en la cabeza que amar es sinónimo de sacrificio, de esfuerzo, de aguante. Así que llega un hombre inmaduro, perdido, roto, y sentimos que nuestra misión es salvarlo o rescatarlo. Y creemos que, cuanto más difícil sea salvarlo, mayor será el «mérito» si lo logramos. Lo que no sabes es que intentar lograr que el otro cambie puede salirte muy caro.

Quiero que pares un momento y lo pienses desde la perspectiva de la mujer adulta que eres: ¿de verdad quieres que tu amor sea una lucha constante para que el otro cambie? ¿Quieres que tu relación se convierta en un campo de batalla contra los miedos, las carencias y las incoherencias de alguien que ni siquiera se hace cargo de sí mismo? Yo sé que la respuesta es no. Y, sin embargo, muchas veces permanecemos ahí, porque nos da miedo soltar o porque creemos que «mejor esto que nada». Y, además de estos dos motivos, también hacemos de salvadoras porque encontramos un beneficio oculto que pocas reconocen: el de sentirse necesitada. Sí, querida, ser la salvadora es querer ponerse una medalla, es colocarte sin darte cuenta por encima del otro, en una posición un poquito superior. Es pensar: «Pobre, me necesita», «Es que él solo no puede, necesita mi ayuda». Y así piensas que, mientras te necesite, no te va a dejar. Y ahí sale tu miedo al abandono. Porque ¿qué pasaría si él fuera un hombre feliz e independiente que no te necesitase para estar bien...? ¿Cómo te sentirías tú? ¿Qué miedo se despierta en ti? Y, además, el hecho de ser salvadora del resto —ya no solo de los hombres, sino de tu entorno más cercano— evita que te encargues de ti. Mientras estás ocupada intentando solucionarle la vida a los demás, no te encargas de tus propios problemas. Miras para otro lado y así no tienes que afrontar lo que no quieres ver. Y ahí también hay una parte de autoabandono. Así que piensa si la primera que tiene que salvarse eres tú misma antes de salvar a los demás.

Las personas que quieren compartir su vida contigo no deben hacerlo por la necesidad de tenerte a su lado, sino por el deseo de compartir la vida con la maravillosa persona que eres. Es un acto de amor y felicidad compartida, no de dependencia. Mientras mantienes ese papel de salvadora estás actuando desde el miedo. Desde el miedo a que, si no te necesitan, no eres «válida» y entonces no estarán contigo. Y, evidentemente, eso no es verdad. Y te lo digo porque hablamos de los hombres, pero quien intenta salvarlos eres tú. Pregúntate entonces por qué tienes tú la necesidad de salvar a nadie. Ahí está la cuestión importante.

Otro problema de ponerte en el papel de salvadora es que tarde o temprano te quedas vacía. Porque das, das, das... y no recibes nada que de verdad te nutra. Y lo peor es que no solo no lo salvas, sino que terminas hundiéndote con él. Una relación sana se construye entre dos, y, si tú estás haciendo el trabajo por ambos, esa relación ya está desequilibrada desde el inicio. Tiene que existir el equilibrio entre dar y recibir desde el minuto uno.

Evitar este papel empieza por algo muy simple y es reconocer que no eres responsable de nadie más que de ti misma. Claro que puedes acompañar, claro que puedes sostener, pero no puedes cargar con lo que el otro no quiere asumir. Lo que debes asumir es tu parte y el beneficio oculto que encuentras cuando intentas salvar a los demás.

Otra clave está en poner atención a las señales desde el principio. Un hombre inmaduro te va a mostrar rápidamente que necesita ser salvado: habla de sus ex como si fueran las culpables de todo; se queja de su trabajo, pero no hace nada por cambiarlo; dice que quiere una relación, pero evita cualquier compromiso real... Es ahí donde tienes que ser honesta contigo misma y decidir si quieres eso en tu vida. Porque recuerda que lo que hoy justificas, mañana será lo que te duela.

Yo misma perdí años en relaciones en las que pensé que, si me esforzaba lo suficiente, el otro iba a transformarse. Que, con mi amor, con mi paciencia y con mi entrega, él iba a darse cuenta de lo que valía. La realidad fue otra, y es que, cuanto más me esforzaba yo, más cómodo estaba él en su inmadurez. Cuanto más le daba, más me exigía, más me exprimía. Y la que terminaba agotada, frustrada y vacía era yo. Y no solo no conseguí que me amara más, sino que me perdí yo, así que quiero que entiendas que no eres menos valiosa por soltar a alguien que no está listo. No es asunto tuyo si él no quiere crecer, no quiere comprometerse o no quiere sanar e ir a terapia. Al contrario, es tu mayor logro elegirte antes que quedarte atrapada en una relación que te consume. Y sí, cuesta. Cuesta mucho no caer en la tentación de intentar salvar, sobre todo, si llevas ese rol grabado desde hace años. Pero cada vez que te encuentres en esa situación, recuerda esta frase:

No estás aquí para salvar a nadie, estás aquí para salvarte a ti misma, y desde esa libertad elegir a quien camine a tu lado.

EJERCICIO

Para terminar este apartado quiero dejarte estas preguntas reflexivas:
«¿En qué momentos de mi vida he sentido que estaba intentando «rescatar» a alguien?». Escribe ejemplos concretos de relaciones donde hayas sentido que dabas más de lo que recibías.

«¿Qué me hacía creer que yo podía cambiar o salvar a esa persona?». Reflexiona si era miedo a estar sola, necesidad de sentirte necesaria o esperanza de que «algún día» tu pareja cambiara.
«¿Qué precio pagué por asumir ese papel?». Piensa en lo que perdiste: paz mental, autoestima, tiempo, sueños, energía...
«¿Qué señales ignoré en el pasado que me decían claramente que él no quería cambiar?». Haz una lista de esas *red flags* que hoy ya reconoces.
«Si me eligiera a mí misma primero, ¿cómo actuaría en una situación similar?». Imagina que hoy aparece un hombre con las mismas actitudes que alguien de tu pasado: ¿qué harías de manera diferente?
«¿Qué necesito recordarme para no volver a caer en ese patrón?». Escribe una frase ancla que te devuelva a ti cada vez que sientas la tentación de salvar a alguien.
Por ejemplo: «Yo no vine a ser salvadora, sino a ser mi propia prioridad».

QUÉ LES ATRAE A LOS HOMBRES DE LAS MUJERES Y QUÉ LES AHUYENTA

Una de las grandes preguntas que muchas mujeres se hacen es: «¿Qué es lo que realmente atrae a un hombre?». Y detrás de esta pregunta suele esconderse otra más profunda: «¿Qué debo cambiar de mí para gustarle más?». Aquí quiero detenerme, porque la atracción no se trata de transformarte en una mujer distinta, ni de forzarte a encajar en un molde que no es el tuyo. La clave no es qué debes cambiar en ti para gustarle más, sino qué versión de ti quieres potenciar. Si te conviertes en esa mujer que se elige, que se honra, que se cuida, atraerás a hombres que vibren en esa misma sintonía. Porque la verdadera atracción surge cuando una mujer se muestra auténtica, segura de quién es y en paz con su propio ser. Tu esencia es eso que te hace única e irresistible. Así que no, no es que tengas que cambiar algo de tu personalidad. Quiero que entiendas algo: los hombres son igual de complejos que las mujeres, por eso en este apartado voy a ayudarte a que les entiendas un poco mejor.

Cuando hablo de hombres hablo de hombres como tal, los que están habitando su energía masculina y los que tienen madurez emocional, no hablo de «niños». Y no hay nada que le atraiga más a un hombre que una mujer con su energía femenina equilibrada. Es esa mujer que tiene la capacidad de disfrutar, de abrirse al presente, de reír sin miedo, de expresar con naturalidad lo que se siente. Pero, sobre todo, es la que sabe recibir. La que se deja cuidar, mimar y sostener por el hombre sin miedo a parecer débil. Porque eso al hombre le hace sentirse útil, valorado y valioso.

También les atrae la mujer que se cuida y se respeta, porque ese respeto hacia sí misma se refleja en cómo establece sus límites, en cómo maneja sus emociones y su negativa a conformarse con migajas. En serio, ya sé que hago mucho hincapié en poner límites a los hombres, pero es que es totalmente necesario. Es así como enseñas a los hombres a tratarte y es así como ellos entienden qué es lo que quieres, lo que te mereces y lo que no vas a tolerar. Y no vale solo con verbalizarlos, sino que hay que cumplirlos. Los límites no se dicen, se cumplen. Por ejemplo: «Si vuelves a tontear con una chica de Instagram, entonces me iré». Eso es decir un límite, y si él no lo cumple y lo vuelve a hacer, no sirve de nada que se lo vuelvas a decir porque él no es tonto, sabe perfectamente lo que está bien y lo que está mal. Ahora te tocará cumplirlo, te tocará irte. Te aseguro que poner límites no te aleja del amor sano, sino que te acerca a él. Y a los hombres que de verdad quieran estar contigo no les importará que se los pongas, al contrario.

Además, les atrae la mujer que es capaz de disfrutar de su propio mundo, de sus pasiones, de sus proyectos, y que no coloca toda su vida en manos de la relación. Esa independencia emocional es profundamente seductora, porque genera admiración y despierta el instinto masculino de querer sumar a su vida, no de tener que completarla.

Las mujeres debemos entender que la mayoría de los hombres son conquistadores natos (salvo los «princesos» que quieren ser conquistados, y esos no nos interesan) y que, aunque suene mal, no les gusta aquello que consiguen fácilmente sin esfuerzo alguno. Un hombre se siente atraído por lo que no está disponible a simple vista, y, por lo tanto, le requiere hacer esfuerzos para poder tenerlo. Un hombre en modo conquista no solo desarrolla interés, sino respeto y admiración por la mujer a la que quiere conocer. Si esta se mantiene y no se entrega fácilmente desde el principio, preservando sus límites, su espacio y sus valores, el hombre aumentará sus ganas de tenerla.

Los hombres son como animales, necesitan salir a cazar, vivir esa incertidumbre de si podrán lograrlo o no, y eso les hace desearlo más. Si les ponen un trozo de carne en la puerta de su casa, no se lo comerán porque no le dan valor. ¿Sabes por qué? Porque no se han esforzado para conseguirlo.

Es como todo en la vida. Imagina que llevas mucho tiempo deseando tener el coche de tus sueños y has trabajado muy duro durante años para conseguirlo. De repente, un día aparece tu padre, aparca ese coche en la puerta de tu casa y te da las llaves. Tienes el coche sin ningún esfuerzo por tu parte. ¿Lo valorarías de la misma manera? Le darías valor, por supuesto, pero no tanto como si lo hubieras pagado tú con el sudor de tu trabajo.

¿Qué cosas son las que más ahuyentan a los hombres?

- Que sepan que te tienen comiendo de su mano. Si un hombre siente que te tiene comiendo de su mano y que no te irás de su lado por nada del mundo, puede que él vaya perdiendo interés, quizá sin darse cuenta, en ti y en la relación. Si esto sucede, el hombre se irá relajando inconscientemente y disminuirán poco a poco sus esfuerzos. Y esto no quiere decir que no te ame, sino que le faltan estímulos para seguir despertando su interés. Cuando una mujer no pone límites, perdona demasiado rápido o permite cualquier cosa solo por no perder a su pareja, sin darse cuenta no solo va perdiendo su atractivo, sino también el respeto y la admiración que el hombre sentía por ella. Porque la falta de límites transmite un mensaje de desvalorización personal: «Puedes hacer conmigo lo que quieras, porque no me iré». Y, al contrario de lo que muchas mujeres creen, los hombres no buscan a alguien que lo tolere todo, sino a alguien a quien puedan respetar.

- Que los controles y que te comportes como si fueras su madre. El exceso de control y la desconfianza constante también generan desgaste. Revisar el teléfono, cuestionar cada plan con sus amigos, exigir pruebas de amor a cada instante... son actitudes que no hablan de amor, sino de inseguridad y miedo. Y lo que nace desde el miedo, inevitablemente, termina destruyendo la conexión. Además, comportarte como si fueras su madre, corrigiéndole en todo, controlando que lo haga todo «como tiene que ser» o «maternándole», no solo bajará el deseo sexual al subsuelo, sino también el respeto y la admiración por ti.
- Que los persigas. Perseguir es propio de la energía masculina, no de la femenina. No debemos perseguir a los hombres; en todo caso, son ellos los que deben perseguirnos a nosotras. Cuanto más se esfuerzan por nosotras, más se involucran y más se apegan. Si corres detrás de ellos, perderán el interés porque dejarás de ser un desafío.
- Que seas dependiente de ellos. La dependencia disfrazada de amor: esa necesidad constante de atención, de validación, de seguridad externa. Cuando una mujer coloca en él la carga de ser el centro absoluto de su felicidad, la relación se vuelve una cárcel. El mensaje que transmites con esto es «necesito ser salvada tú eres mi salvador». ¡Menuda responsabilidad! Entonces el hombre siente que no hay espacio para respirar, para crecer juntos, sino una presión continua que, tarde o temprano, lo empuja a alejarse y salir corriendo.
- Que estés demasiado disponible. Cuando estás demasiado disponible para un hombre y respondes al instante, cance-

las tus planes por él o te adaptas siempre a su ritmo, el mensaje que transmites, sin darte cuenta, es que tu mundo gira en torno a él. Si te acostumbras a decirle siempre: «Sí, claro, cuando tú quieras», lo estás malacostumbrando a tenerte cuando a él le dé la gana. Y eso, lejos de acercarlo, lo aleja, porque la atracción nace del equilibrio entre presencia y espacio. Aprende a decir no: «No, lo siento, tengo clase de yoga a esa hora, pero podemos vernos mañana si quieres». Una simple respuesta de este tipo le hará entender que eres una mujer que mantiene su vida, sus tiempos y sus prioridades intactas. Y él pensará: «¿De verdad prefiere ir a yoga antes que verme a mí?». Él solito entenderá que eres una mujer que se valora, que tu mundo es interesante y pleno, y que él es un complemento, no el centro. Esa independencia genera admiración y deseo, porque nadie se siente atraído por una persona que se olvida de sí misma para agradar. Recuerda mantenerla siempre, incluso si tienes una relación ya estable. Una mujer que tiene su propia vida, sus proyectos, sus amigos, sus planes y que no coloca a su pareja en el centro de todo se convierte en una mujer muy interesante a los ojos de los demás.

CAPÍTULO 9

SOSTENERTE A TI MISMA EN LOS MOMENTOS DIFÍCILES

Ojalá pudiera decirte que cuando empiezas a trabajar en ti los viejos patrones desaparecen para siempre. Pero no es así. Los patrones son como esa serie que has visto mil veces. Ya sabes cómo acaba, ya sabes cuándo llegan los momentos dramáticos, pero, aun así, vuelves a ponerla porque te resulta familiar. Y lo que necesitas es cambiar de serie. Y sí, siento decirte que esos patrones van a volver. Quizá disfrazados, más sutiles, con otro nombre o con otra cara. La diferencia está en ti. Cuando no eres consciente, te dejas llevar por ellos, pero, cuando ya los conoces, tienes la posibilidad de detenerte, mirarlos de frente y decir: «Esta vez no».

Una de mis clientas llegó a mí creyendo que ya estaba sanada y de repente se vio reaccionando igual en una relación: dando demasiado, justificando lo injustificable, persiguiendo al chico al que estaba conociendo y complaciéndolo. Y me preguntaba: «Ana, ¿cómo puede ser que después de todo lo que he trabajado siga cayendo en lo mismo?». Hasta que entendió que no era un fracaso, sino parte del proceso. Los patrones no se borran de un día para otro; se transforman poco a poco, con cada elección diferente que haces. Volver a tropezar no significa retroceder, significa que la vida te está ofreciendo otra oportunidad para elegir de manera distinta. Te lo está poniendo en la cara para ver si esta vez has aprendido la lección o si, por el contrario, quieres volver a terapia.

Y a veces caemos en lo mismo no porque queramos, sino porque los viejos patrones se disfrazan de esperanza y no acabamos de verlos claros. Te dices: «Esta vez es diferente, él no es como los demás, solo está pasando por un mal momento». Y, claro, quieres creerlo, porque la ilusión del momento te puede. Pero no confundas esperanza con autoengaño, porque sí, nos encanta contarnos milongas y engañarnos —sumándole además las posibles milongas que te cuente él—. La esperanza es un sentimiento ligero que te da calma, pero el autoengaño pesa, te duele en el estómago, te hace dudar de ti misma. Esa es la diferencia que tienes que aprender a distinguir.

A veces la tentación llega con alguien nuevo y otras con alguien del pasado. Ese ex que reaparece con un «hola, ¿cómo estás?», esa persona que no supo darte lo que merecías y que ahora dice que ha cambiado. Y claro, tu corazón se acelera, tu mente recuerda los buenos momentos, y el miedo a la soledad te dice que quizá deberías darle otra oportunidad, que quizá ahora sí haya cambiado. Pero aquí toca ser honesta: ¿ha cambiado de verdad o solo estás cayendo en lo conocido porque te resulta cómodo, incluso aunque te duela? Volver atrás no trae nada nuevo, solo repetir lo que ya viviste y sentiste.

Yo misma he reconocido mi patrón: un hombre inmaduro, egocéntrico, mujeriego, con miedo al compromiso, sin responsabilidad afectiva, sin empatía, con cuerpo de gimnasio y fotos sin camiseta. Y ese mismo patrón lo he elegido una y mil veces de forma inconsciente. Diciéndome a mí misma que «este sí es distinto a los demás». Y no, querida, más de lo mismo. Hasta que un día me empezaron a dar muchísima pereza y sensación de rechazo este tipo de hombres y empecé a sacarlos de mi vida y de mi círculo. Ya no los elegía. Comencé a fijarme en otro tipo de hombres y a escoger de manera distinta. Y ahí rompí el patrón. No fue fácil, te hablo de pasarme años así. Pero finalmente los reconocía con una frase que yo misma me decía: «Ana, este te va a mandar a otros dos años de terapia». Lo digo con un toque de humor, pero era totalmente en serio. Hasta que, de forma natural, nunca más me sentí atraída por este patrón.

Cada vez que un patrón reaparece tienes frente a ti la posibilidad de escribir un final distinto. Y no se trata de luchar contra él, sino de elegir algo diferente. Si antes te quedabas esperando un mensaje, esta vez sigue con tus planes, aunque no te escriba. Si antes justificabas sus ausencias, ahora debes decirte: «Esto no me hace bien y no lo acepto». Si antes perdonabas una falta de respeto, hoy pones el límite y te mantienes firme. La verdadera transformación no ocurre en tu cabeza, ocurre en tus decisiones. Y claro que a veces duele, porque cada vez que repites un patrón sabiendo que no te hace bien, el precio lo pagas tú. No solo por lo que el otro haga, sino por lo que significa traicionarte, y esa traición se siente en el cuerpo, en la energía, en la autoestima. Por eso el mensaje que quiero transmitirte no es para culparte si caes, sino para recordarte que siempre tienes el poder de frenar y tomar una dirección distinta; incluso a mitad de camino puedes darte la vuelta y volver a casa si sientes que no es por ahí.

Imagina lo distinto que será si la próxima vez que aparece un viejo patrón, en lugar de lanzarte de cabeza, respiras, lo nombras y lo reconoces, siendo consciente de que eso tú ya lo has vivido, de que te suena. Esa conciencia ya lo cambia todo, porque eliges distinto y porque, por primera vez, sientes la calma de sostenerte a ti misma. Esa calma, créeme, no tiene precio. Es como volver a ocupar tu lugar, tu trono, como convertirte en la protagonista de tu historia y no en una víctima. Y si un día caes de nuevo, no pienses que has retrocedido. No estás volviendo al inicio, estás aprendiendo a elegir mejor y cada paso, incluso los que parecen errores, forman parte de tu camino de crecimiento personal. No se trata de no caer nunca más, sino de levantarte cada vez más rápido, con más amor y más conciencia.

Un patrón no desaparece cuando lo entiendes, desaparece cuando eliges algo distinto.

GESTIONAR EL MIEDO A ESTAR SOLA

Si hay un miedo que pesa en la mayoría de las mujeres con las que he trabajado es el miedo a estar solas. Lo escucho una y otra vez en los acompañamientos que hago: «Me da miedo no encontrar nunca a nadie», «Me da miedo quedarme sola para siempre», «Me siento sola y no lo soporto». Y quiero que sepas que no debes sentirte mal por tenerlo, porque ese miedo no nace en ti por casualidad. Nos lo han enseñado, nos lo han metido en la cabeza desde pequeñas. Desde niñas nos contaron cuentos donde la princesa estaba incompleta hasta que llegaba el príncipe. Crecimos con películas de Disney, canciones, novelas, todo con el mensaje de que el amor verdadero era la meta y que sin él estábamos «a medias». Y con ese mensaje tan repetido metido en nuestro cerebro durante tantos años, ¿cómo no ibas a tener miedo a la soledad? Claro que lo tienes, si durante años nos programaron para creer que sola significa vacía.

Pero aquí viene la verdad y es que estar sola no es lo mismo que estar soltera. Puedes tener pareja y sentirte sola en medio de esa relación. Y puedes estar soltera y sentirte plena, rodeada de vida, con tu corazón lleno. La soledad no es la ausencia de un hombre, es la desconexión contigo misma. El miedo a estar sola en realidad es el miedo a quedarte contigo. A estar frente a frente con tus pensamientos, con tus vacíos, con tus heridas. A veces no es el silencio lo que asusta, sino lo que ese silencio hace que escuches. Y por eso muchas mujeres saltan de relación en relación, aunque sepan que no funcionan, porque la idea de volver a estar consigo mismas les parece insoportable. Si estás viviendo esto en este momento, quiero que sepas que te entiendo: yo en el pasado prefería aguantar lo que fuera antes que enfrentar la soledad. Pensaba: «Algo es mejor que nada». Y me equivocaba. Solo intentaba tapar ese vacío producido por las heridas que tenía y no quería ver.

El miedo a la soledad viene de ese mismo vacío que intentamos llenar con la presencia de otros. Pero la realidad es que nadie puede llenar lo que tú misma no te das. Puedes tener la mejor pareja del mundo, y, si tú no estás en paz contigo, tarde o temprano vas a sentirte sola igual. Porque la única compañía que nunca desaparece es la tuya. Cuando empiezas a cambiar la mirada y entiendes que no necesitas a nadie para estar completa, la soledad deja de asustar. Te das cuenta de que sola no significa vacía. Sola significa libre, significa espacio para ti, significa tiempo para construir lo que quieres, significa silencio que te conecta con lo que realmente importa. Y disfrutar de esa soledad te aseguro que es una bendición. Además, no estás sola, estás contigo.

El problema es que confundimos estar solas con estar incompletas. Y no, no naciste incompleta: tú ya lo tienes todo dentro de ti. Claro que compartir la vida con alguien puede ser maravilloso, y es lógico que quieras hacerlo, pero no lo necesitas para ser feliz, lo eliges. Y ahí está la diferencia: el miedo se convierte en libertad cuando entiendes que no necesitas, que solo eliges. Porque ¿qué pasaría si el amor de tu vida nunca llegara? ¿Dejarías de viajar, de disfrutar, de reír, de vivir experiencias? ¿Esperarías eternamente en una pausa hasta que apareciera? Tu vida no puede estar en espera. La vida es ahora, contigo, con tus sueños, con tus planes, con tu gente, con lo que eres. Y, si el amor llega, llegará para sumar, para compartir, no para completarte.

Yo descubrí que cuanto más aprendía a estar bien conmigo misma, menos miedo me daba la soledad. Empecé a llenar mis días con lo que me nutría de verdad: amigas, proyectos, libros, momentos para mí. Y entonces la soledad dejó de ser un enemigo y se convirtió en un refugio. Empecé a disfrutar de ir sola a tomarme un café, de caminar sin compañía, de viajar sola, de ir a un restaurante sola. Y ahí entendí que no estaba incompleta, estaba entera, estaba conmigo.

El miedo a estar sola también se alimenta de la comparación. Ves a tus amigas con pareja, a gente en redes mostrando su «vida perfecta», y piensas que te falta algo. Pero recuerda que las redes enseñan lo que quieren mostrar, y muchas relaciones que parecen perfectas en realidad no lo son. No te compares, porque tu camino no es el de nadie más y no tiene ningún sentido que lo hagas. Además, lo que duele no es estar sin pareja, lo que duele de verdad es sentir que no eres suficiente para ti. Por eso este miedo no se supera buscando compañía, sino aprendiendo a ser tu mejor compañía. Así que la próxima vez que sientas ese miedo, en lugar de correr a llenarlo con alguien, siéntate contigo. Pregúntate: «¿Qué es lo que realmente temo?», «¿Qué parte de mí no quiero mirar?», «¿Qué vacío estoy intentando tapar?». Y después empieza a darte lo que necesitas de ti: amor, cuidado, presencia. Porque la única solución real contra la soledad es volver a ti.

Cuando abrazas la soledad y dejas de huir de ella, te das cuenta de que en realidad nunca estuviste sola. Siempre te tuviste a ti. Y eso lo cambia todo. Dejas de vivir con miedo a perder a alguien y empiezas a vivir con la seguridad de que nunca te perderás a ti. Así que quiero terminar este apartado dejando esta idea muy clara: sola no significa carencia, significa libertad. No significa fracaso, significa oportunidad. Y, sobre todo, que te quede claro que no necesitas a nadie para estar completa, porque tú ya eres un ser más que completo.

GESTIONAR EL MIEDO AL RECHAZO Y A NO SER SUFICIENTE

Otro de los miedos más grandes que llevamos la mayoría de las personas dentro es el miedo al rechazo. Esa vocecita que te susurra que quizá no eres suficiente, que no mereces ese trabajo, ese coche, esa pareja; que si te muestras tal y como eres, los demás se irán. Y muchas veces aparece en los momentos más pequeños de la vida cotidiana. Cuando envías un mensaje y ese chico no te contesta enseguida o te deja en visto, cuando alguien parece distante contigo sin motivo aparente, automáticamente piensas: «¿He hecho algo mal?». Buscas la razón en que quizá es por ti, porque tú no vales no suficiente.

Ese miedo es tan común que a veces ni siquiera lo cuestionamos, simplemente lo vivimos como parte de nosotras. Diría que es como la «creencia limitante universal». Pero es solo eso, una creencia, no una verdad absoluta. Y, además, quiero aclararte que no naciste con miedo al rechazo, lo aprendiste. Lo aprendiste de pequeña, cuando quizá buscabas cariño en tus padres y no siempre lo recibías. Lo aprendiste en casa, en el colegio, en la adolescencia, en esas experiencias donde sentiste que tu valor dependía de la aprobación de otros. Y, como cada herida, ese miedo se instaló dentro y empezó a repetirse una y otra vez en tu vida adulta, y lo seguirá haciendo hasta que lo sanes.

Cuando conoces a un chico que te gusta, es normal que aparezca el pánico a que no te elija. Por eso muchas veces cedes demasiado, te esfuerzas más de la cuenta, te vuelves complaciente, intentando ser una mujer diferente a la que eres por miedo a no gustarle siendo tú y que se vaya de tu lado. Y, si se va, en el fondo lo que interpretas de ese rechazo es que tú no eres suficiente. Y eso es lo que realmente te da miedo, no el hecho de que se vaya en sí. Si te está pasando esto quiero que sepas que te entiendo porque he conocido a muchas mujeres que viven sus relaciones desde esta creencia. He visto cómo mujeres increíbles han sentido ansiedad porque alguien no les contestaba, han leído mil veces un mensaje intentando encontrar un doble sentido, han callado lo que realmente necesitaban por miedo a molestar. Y, cada vez que lo hacían, se estaba diciendo inconscientemente: «Mi valor depende de lo que el otro piense de mí». Y ese es el error. Porque tu valor no se mide en la respuesta de un mensaje, ni en la atención que alguien te da ni en el interés que otro pone en ti. Tu valor es tuyo, es intrínseco, es intocable; existe por el simple hecho de que existes, y nadie puede quitarlo ni añadirle nada. Por eso te pido que no intentes comprobar o justificar tu valor a través de la elección de otra persona, porque eso puede hacerte mucho daño.

Una primera estrategia que quiero darte para gestionar este miedo es ser consciente de cuándo aparece. Porque muchas veces actuamos en piloto automático: cedemos, callamos, nos angustiamos sin pararnos a pensar. La próxima vez que lo sientas, pregúntate: «¿Qué estoy interpretando de esta situación?». «¿Qué historia me estoy contando?». Porque no es lo mismo que alguien tarde en contestar porque está ocupado a que lo leas como un «no le importo» o «o no le gusto lo suficiente». El rechazo muchas veces está en la interpretación, no en los hechos. También quiero ser clara contigo y quiero que sepas algo: no siempre vas a gustarle a todo el mundo, y está bien. El rechazo es parte de la vida, y no significa que no valgas, significa simplemente que no encajas o conectas con todo el mundo. Igual que tú no eliges a todos los hombres que conoces y los rechazas, tampoco todos te van a elegir a ti. Y eso no te hace menos válida, te hace real. Pretender gustar siempre es la receta perfecta para perderte a ti misma.

Entonces, ¿cómo gestionarlo en el día a día? Primero, dejando de poner tu valor en manos ajenas. Cada vez que te descubras pensando «No soy suficiente», respira y cambia esa creencia limitante por una frase poderosa: «Soy suficiente tal y como soy, aunque no encaje con todos». Al principio puede sonar forzado, pero poco a poco se convierte en un mantra que te devuelve a tu centro. Eres suficiente y más que suficiente.

Otra estrategia es empezar a practicar la valentía de ser auténtica. Tal y como eres con tus amigos, con tu familia, en tu trabajo, pues con los hombres también, querida. Decir lo que piensas, expresar lo que sientes, pedir lo que necesitas, aunque haya riesgo de que no le guste. Porque cada vez que te muestras de verdad y no escondes tus necesidades, refuerzas el mensaje de que eres digna de ser tú misma sin miedo a perder a nadie. Y si alguien se va porque no soporta tu autenticidad, entonces no era para ti. Así le damos paso al que sí lo es.

También ayuda mucho dejar de compararse con el resto. Muchas veces el miedo a no ser suficiente se dispara cuando miramos a otras mujeres y pensamos que son más guapas, más listas, más exitosas, más todo. Cuando te comparas te pones por debajo automáticamente, siempre sales perdiendo. Querida, tú no has venido al mundo a ser como nadie, viniste a ser tú. Y tu valor y tu ser no compiten con los de otras, tu valor y tu ser son únicos. Dime, ¿qué sentido tiene querer ser otra persona? Absolutamente ninguno. El rechazo que más duele no es el de los otros, es el tuyo mismo. El que viene de ti cuando dejas de elegirte. Cada vez que te callas por miedo, cada vez que aceptas lo que no quieres, cada vez que no pones límites, te estás rechazando tú antes que nadie. Y este miedo se supera haciendo justamente lo contrario: elegirse a una misma incluso con miedo, incluso sabiendo que puede que no le guste al otro. Porque, al final, lo que de verdad duele no es que alguien te diga «no»: lo que de verdad duele es decirte «no» a ti. Gestionar este miedo no es eliminarlo, es aprender a caminar con él sin que se apodere de ti. Es recordarte cada día que eres suficiente, que tu valor no está en manos de nadie, que no necesitas demostrar nada para merecer amor. Y que quien no sepa verlo, simplemente no es tu persona.

Cierra los ojos un instante y piensa en todas las veces que te has sentido rechazada. ¿Qué has aprendido de esas experiencias? Seguramente, que sobreviviste, que aquí sigues, que no te ha pasado nada malo, que no se acabó el mundo. El rechazo no te mata, lo que mata es la creencia de que no vales sin la validación del otro.

Así que, para terminar este apartado, solo quiero que se te grabe bien la idea de que tu valor no está en manos de nadie. No está en un mensaje leído, en una llamada devuelta, en un piropo, en un «sí» o en un «no». Tu valor está en ti, en cómo te tratas, en cómo te eliges, en cómo te sostienes incluso cuando alguien no lo hace. Y cuando lo entiendas de verdad, el miedo al rechazo perderá fuerza, porque sabrás que, aunque alguien se vaya, tú nunca te vas a abandonar.

El único «sí» que realmente necesitas es el tuyo.

SOSTENER TUS EMOCIONES EN LOS DÍAS GRISES

Siento decirte que los días grises existen y, además, son necesarios. Hay días en los que simplemente no puedes con todo, son días en los que te despiertas sin energía, sin ilusión, con un nudo en el pecho, en los que tu mente no para de dar vueltas. Días en los que no tienes ganas de nada, y está bien. Esos días forman parte de la vida y de todas nosotras. No siempre se puede estar radiante, fuerte y con todo bajo control. La vida no funciona así, y tú tampoco. El problema es que nos han enseñado que siempre debemos estar bien y a pensar que sentirnos mal es un fracaso. A que, si un día estás triste, significa que no avanzas. A que, si tienes ansiedad, algo malo te pasa. Y no es verdad. Sentir emociones difíciles no significa que hayas retrocedido, solo que eres humana. El dolor, la tristeza, el miedo, la rabia, la incertidumbre... todas esas emociones forman parte de la vida, y que intentes ignorarlas o esconderlas solo va a hacer que te pesen más.

Lo primero para sostenerte en los días grises es aceptar que están ahí. No pelearte con lo que sientes. Porque si intentas luchar contra tu tristeza, esta crecerá; cuando intentas reprimir la ansiedad, esta se hace más fuerte. Aceptarlo no significa que tengas que aguantarte, es decirte a ti misma: «Vale, hoy no estoy bien, y está bien no estar bien». Ese gesto tan simple ya hará que te sientas aliviada y reducirá tu sentimiento de culpa.

Después de aceptarlo, viene una parte un poco más difícil que es aprender a escucharte sin juzgarte. Pregúntate: «¿Qué necesito hoy?». Con frecuencia lo que necesitas solo es parar, descansar, dormir una siesta, tirarte en el sofá o salir a pasear. Otras veces, lo que necesitas es hablar con alguien, sacar lo que te está reconcomiendo por dentro. Otras, simplemente llorar hasta sentirte mejor. Y todas esas opciones son válidas. Sostenerte es darte lo que necesitas en cada momento, no exigirte ser siempre fuerte. No es fácil, pero se practica día tras día,; es cuestión de escucharte a ti y a tu cuerpo y reconocer y darle lo que necesita. Porque de nada sirve en esos días decirte cosas como: «No debería sentirme así», «Ya debería estar mejor» o «No tengo derecho a estar triste o a quejarme». Con eso lo único que consigues es sentirte peor. Necesitas saber que la compasión contigo misma es la caricia y el abrazo que necesitas. Así que háblate como le hablarías a una amiga: con paciencia, con ternura y con respeto.

Los días grises también pueden ser pequeñas trampas, ya que la tentación de caer en viejos patrones es mayor, porque estás más sensible y eres más vulnerable. Cuando estás mal, lo que más apetece es buscar alivio rápido, y muchas veces ese consuelo es volver a alguien que no te hace bien, enviar ese mensaje que prometiste no enviar, aceptar migajas con tal de no sentirte sola. Y tienes que saber reconocer que ese impulso no viene del amor, sino del vacío que sientes en ese momento. Y lo que se llena desde el vacío siempre se vacía otra vez, porque no es real ni consistente. Por eso, en esos momentos, necesitas recordarte que tu dolor no se calma huyendo de ti, sino abrazándote. Que volver a lo que te hace daño no alivia, solo retrasa el dolor. Sostenerte es quedarte contigo, aunque duela, aunque cueste, aunque no tengas todas las respuestas. Es no abandonarte en tu propio bajón.

Hay estrategias sencillas que ayudan a transitar por esos días sin que se hagan cuesta arriba. Una de ellas es centrarte en las cosas pequeñas. No tienes que solucionarlo todo de golpe, solo dar un paso cada vez. Una cosa a la vez. Imagina que intentas cargar con diez cajas a la vez por unas escaleras, seguramente perderás alguna caja por el camino, ¿verdad? Puedes con todo, pero no con todo a la vez. Cosas tan simples como darte una ducha caliente, salir a caminar cinco minutos, preparar una comida que te guste, asearte y peinarte. Acciones mínimas que no cambian el mundo, pero cambian tu estado de ánimo poco a poco.

Otra estrategia poderosa que me encanta y recomiendo mucho es escribir. Pero escribir sin un objetivo ni una estructura concreta. Plasmar en un cuaderno todo lo que sientes sin filtro, sin juzgar. Escribir, aunque sea un «no sé qué me pasa, solo me siento mal». Sacar de tu mente lo que te pesa y volcarlo en el papel te ayudará a ver las cosas con más claridad.

Y, por supuesto, la respiración. Parece obvio, pero en los días grises tendemos a respirar rápido y de manera superficial, y eso alimenta la ansiedad. Nunca subestimes el poder de una respiración. Dedicar unos minutos a respirar profundamente, con las manos en el pecho, repitiendo mentalmente «estoy aquí, me sostengo», puede ayudarte a bajar la tormenta interior.

Lo más importante de todo es que entiendas que un día gris no define tu vida. Puede ser solo un mal día, no una mala vida. Igual que viene, se va. Igual que hoy te parece insoportable, mañana puede amanecer distinto. No te identifiques con tu tristeza, no digas «soy débil» o «soy un desastre». No eres tu emoción, solo la estás sintiendo. Y sentirla es lo que te hace humana. Quiero que te imagines a ti misma como una madre amorosa que sostiene a su hija pequeña cuando llora. ¿Qué hace esa madre? No la regaña, no le dice: «No llores, ya deberías estar bien». La abraza, le acaricia el pelo, le susurra que todo pasará. Eso mismo quiere tu niña interior. Y eso mismo es lo que necesitas hacer contigo en tus días grises: abrazarte, darte espacio, repetirte que va a pasar. Porque siempre pasa. Ese dolor no dura eternamente.

Y si en medio de ese bajón aparece esa vocecita que dice «no valgo», «estoy sola», «nadie me quiere», recuerda que esa voz no es la verdad, es tu herida hablando. Tu valor no cambia porque tengas un mal día. Sigues siendo valiosa, aunque estés triste, aunque tengas miedo, aunque sientas que no puedes. Aprender a sostener tus emociones en los días grises no significa evitar el dolor, significa acompañarte en él. No se trata de eliminar lo que sientes, sino de no abandonarte mientras lo atraviesas. Y, créeme, cada vez que te eliges a ti en medio de la tormenta, sales más fuerte, más consciente y conectada contigo misma.

Quiero que cierres este apartado con la seguridad de que no siempre puedes controlar cómo te sientes, pero siempre puedes elegir cómo te acompañas en lo que sientes. Y ahí está tu poder.

CAPÍTULO 10

DISEÑA TU FUTURO Y LA VIDA QUE TE MERECES

Si te dijera que el amor más importante de tu vida no es el que tienes con un hombre, ni el que viviste en el pasado, ni siquiera el que podrías llegar a experimentar en el futuro, sino el que tienes contigo misma... ¿me creerías? Sé que suena a tópico, que lo habrás leído mil veces en frases de Instagram o Pinterest. Pero ahora voy a explicarte por qué es cierto y por qué esta frase sí tiene sentido.

Piénsalo bien. Has pasado más tiempo contigo que con nadie más en este mundo. Nadie conoce tus miedos más oscuros, tus pensamientos más secretos, tus heridas, tus logros y tus sueños mejor que tú. Eres la única persona que ha estado contigo en cada instante de tu vida. Y lo estarás hasta el último momento. Entonces, ¿cómo no ibas a ser tu gran amor? Nadie te conoce mejor que tú. Como te dije, has venido sola al mundo y te irás sola. Eres tú la que está contigo misma cuando lloras, cuando tienes un mal día, cuando te vas a dormir... ¿cómo no vas a quererte de forma incondicional?

El problema es que muchas veces nos tratamos como si fuéramos la última opción. Nos ponemos las últimas de la cola en todo, hasta en las cosas más pequeñas, nos exigimos hasta el cansancio, nos criticamos con dureza, nos perdemos en relaciones donde damos sin parar. Y así, poco a poco, nos vamos dejando de lado, esperando que alguien venga a colocarnos en ese pedestal en el que nunca nos atrevimos a ponernos nosotras mismas. Pero aquí está el quid de la cuestión: nadie puede darte el lugar que tú no te das. Esperamos siempre a que los demás nos den nuestro lugar, nos regalen flores, tengan en cuenta nuestras emociones, nos traten bien, pero ¿nos estamos dando nosotras mismas antes que nadie ese trato? Lo cierto es que a veces no.

Sé muy bien lo que es olvidarse de una misma. Pero también sé lo que es recuperar tu lugar, volver a ponerte en el centro, volver a mirarte con amor después de tanto tiempo de críticas y abandonos. Y esa es una de las experiencias más transformadoras que existen, cuando dejas de buscar el amor fuera y lo siembras dentro. Cuando decides amarte de verdad, algo cambia en tu interior. Ya no se trata de repetir «me quiero» frente al espejo como un mantra vacío, sino de demostrarlo con hechos. De tratarte con paciencia cuando fallas, de respetar tus límites cuando alguien los cruza, de elegirte, aunque el mundo no lo entienda. Ese es el amor de verdad: el que se practica, el que se vive cada día, el que se convierte en tu forma de vida. Imagina que trataras a tu pareja como a veces te tratas a ti misma. ¿Aguantaría mucho a tu lado? Piensa en esos días en los que te criticas sin parar, en los que te repites que no eres suficiente, en los que te exiges más de lo que nadie jamás te exigiría. ¿A eso lo llamarías amor? Seguramente no. Y, sin embargo, lo hacemos con nosotras todo el tiempo.

Quererse de verdad no es un «me acepto» dicho con la boca pequeña, es acción. Es regalarte algo bonito, aunque no sea tu cumpleaños. Es preparar tu comida favorita un martes cualquiera porque te lo mereces. Es ponerte esas bragas de veinte euros de *Victoria's Secret* un lunes simplemente porque te gustan a ti. Es apagar el móvil cuando estás agotada y permitirte descansar. Es escucharte, validar lo que sientes, respetar tus ritmos. Es dejar de buscar afuera lo que puedes darte tú misma. Así que quiero que te grabes algo a fuego y es que, cuando aprendes a ser tu gran amor, tus relaciones cambian. Porque ya no entras en ellas desde la carencia, ya no buscas que alguien te salve ni te rescate, ya no aceptas menos de lo que te mereces. Una mujer que sabe que ella es su gran amor no persigue, no ruega, no se conforma. Camina segura de sí misma, con calma, con la certeza de que no necesita, pero sí puede elegir. Y esa energía es increíblemente magnética.

Por eso quiero que empieces a verte de otra forma. Tú eres la persona con la que vas a pasar el resto de tu vida, la única a la que nunca vas a perder. ¿No merece esa persona tu amor incondicional? ¿No mereces hablarte con dulzura, cuidarte con cariño, tratarte con el mismo respeto que le darías a alguien a quien amas con toda tu alma? Este capítulo es una invitación a que hagas ese pacto: convertirte en tu gran amor. Porque, el día que lo hagas, todo lo demás empezará a encajar.

Quiero proponerte un ejercicio muy especial. Piensa en él como una promesa contigo misma, de esas que no se rompen porque nacen desde lo más profundo del corazón.

EJERCICIO

Busca un momento solo para ti. Siéntate en un lugar tranquilo, cierra los ojos unos segundos y respira hondo, como si quisieras limpiar con cada respiración todo lo que ya no necesitas cargar.

Cuando te sientas lista, toma un papel y escribe en la parte de arriba:

«Hoy me elijo. Hoy decido ser mi gran amor».

Después, responde con sinceridad a estas tres preguntas:

- ¿Qué promesa quiero hacerme para no volver a abandonarme nunca más?
- ¿Qué necesito recordarme en los días en los que dude de mi valor?
- ¿Qué gesto concreto puedo empezar a hacer cada día para demostrarme que me amo?

No lo pienses demasiado, escribe lo primero que se te ocurra. Una vez lo tengas, léelo despacio, como si fueran los votos en tu propia boda contigo misma. Fírmalo con tu nombre y pon la fecha, como si ese fuera tu contrato más importante.

Guárdalo en un lugar especial: en tu diario, en una caja bonita, en tu mesita de noche. Y, cada vez que lo necesites, vuelve a leerlo.

Este es tu compromiso, tu promesa de no volver a dejarte para después, de no exigirte más de lo que puedes dar, de no olvidarte de ti en medio del amor hacia otros. Es tu manera de recordarte que, pase lo que pase, siempre te tendrás a ti.

Tú eres tu hogar, tu refugio y tu gran amor.

SOÑAR SIN LÍMITES: LO QUE DE VERDAD DESEAS

Pregúntate por un momento: ¿cuándo fue la última vez que te permitiste soñar de verdad? ¿La última vez que has dejado volar tu imaginación sin límites? Y no hablo de deseos pequeños, ni de conformarte con lo «realista», hablo de soñar a lo grande. Porque muchas veces lo que nos frena no es la falta de capacidad, sino la falta de permiso. Nos prohibimos soñar a lo grande porque nos han hecho creer que no lo merecemos, que es imposible, que vivimos en «los mundos de Yupi».

Sin embargo, de niñas soñábamos sin miedo. Podías querer ser astronauta, cantante, escritora, bailarina, todo a la vez. Como Barbie. No había límites. Pero después llegaron las voces que decían cosas como «Eso es muy difícil», «Mejor sé realista» o «Bájate de las nubes». Y poco a poco te fuiste apagando y creyendo que eso era demasiado para ti. Aprendiste a desear solo lo que parecía alcanzable, lo que no incomodaba a nadie, lo que encajaba en las expectativas de los demás.

Lo cierto es que si tus sueños no te dan un poco de vértigo, quizá no son los sueños que más deseas con todo tu corazón, sino los que te han enseñado a aceptar. Quiero que empieces a soñar sin límites, sin esa vocecita que te dice «no puedes» o «quién te crees tú para querer tanto». Porque sí puedes, y porque, si lo deseas desde lo profundo de tu corazón, es porque hay algo dentro de ti que sabe que puede lograrlo.

Yo solía soñar en pequeño porque pensaba que así me dolería menos si no lo conseguía. Pero el precio de no soñar fue mucho más alto: me sentía apagada, estancada, sin ilusión. Intentando contentar a los demás. No me creía capaz de ganar dinero, de viajar al otro lado del mundo, de tener un negocio, de escribir un libro... y sí lo era.

Soñar a lo grande no quiere decir que todo vaya a cumplirse al instante, pero significa que enciendes una luz dentro de ti que te mueve, que te muestra la dirección, que te conecta con la vida y contigo misma.

Quiero que ahora mismo pienses en qué desearías si supieras que no vas a fallar. Cierra los ojos. Si supieras que es posible, ¿qué pedirías? ¿Qué vida diseñarías para ti? Haz la prueba, imagina sin censura, sin filtros, como cuando eras niña. Verás como aparecen cosas que quizá llevabas mucho tiempo callando.

Es más, no solo quiero que lo imagines, quiero que también lo escribas, así que te invito a que hagas este ejercicio.

EJERCICIO

Busca un lugar tranquilo y coge una hoja en blanco. En la parte superior escribe:

«Si no hubiera límites, si todo fuera posible, esto es lo que desearía para mi vida...».

Ahora escribe durante al menos diez minutos todo lo que se te ocurra. Sin filtros, sin pensar si es realista o no, sin escuchar la voz lógica de tu mente. Sueños grandes, pequeños, locos, sencillos... todos valen. Dale rienda suelta a tu imaginación.

Cuando termines, lee tu lista despacio y subraya las tres cosas que más te hagan vibrar, esas que al leerlas te provocan esas mariposas en el estómago, las que te han dibujado una sonrisa en la cara. Esos son tus sueños verdaderos, los que nacen de tu alma y no de lo que esperan los demás.

Guarda esa lista. Porque ahí está el mapa de la vida que de verdad deseas, y volverás a ella muchas veces para recordarte que mereces soñar sin límites, y, sobre todo, que algunos sueños pueden hacerse realidad.

Soñar sin límites es un acto de amor propio. Porque te dices: «Yo merezco todo esto y más». No importa lo que te hayan dicho, no importa tu pasado ni de dónde vengas. Sigues teniendo derecho a desear. Y no es que vivas en una burbuja. Es que puedes vivir a lo grande, desafiando tus propios miedos, y volviendo a creer en ti. Así que permítete soñar con la vida que de verdad quieres, porque la única persona que puede escribir tu historia eres tú.

DISEÑA LA VIDA QUE MERECES DESDE EL AMOR PROPIO

Dicen que el ser humano es más feliz mientras persigue que cuando consigue, y ¡qué cierto! ¡Qué importante es para nosotros tener objetivos que cumplir a lo largo de la vida! Nos dan propósito, ganas, fuerza, confianza. Por eso, antes de terminar este viaje, quiero que juntas diseñemos esa vida que te mereces. Porque te mereces ser feliz, querida.

Soñar ha sido el primer paso, pero hay que bajar a tierra y transformar esos sueños en metas y objetivos que nazcan desde el amor propio. Porque hay una gran diferencia entre perseguir algo para demostrar tu valor y perseguirlo porque sabes que lo mereces. Y esa diferencia lo cambia todo. Por lo tanto, los objetivos desde el amor propio son distintos. Son los que se alinean con tu esencia, con tus valores, con lo que de verdad quieres. Son metas que te expanden, que te acercan a ser tu mejor versión, que te hacen sentir orgullosa de ti, independientemente de lo que opinen los demás.

La pregunta que tienes que hacerte es: «¿Por qué quiero esto?». Si la respuesta nace del miedo a no ser suficiente, entonces no estás actuando por amor, lo estás haciendo por miedo. La respuesta tiene que venir desde las ganas de honrar lo que eres, de crecer, de disfrutar; ese sí es el camino. Para mí todo cambió cuando empecé a preguntarme: «¿Esto lo hago para gustar o lo hago porque me gusta a mí?». Saber reconocer esa simple diferencia me ayudó a soltar objetivos que no eran míos y a enfocarme en lo que de verdad me nutría.

Lo más importante a la hora de establecerte objetivos es

que estén alineados con tus valores y con tu esencia, y para ello primero tienes que ser consciente de cuáles son tus valores principales. Son las cosas más importantes para ti, aquello que guía tus decisiones, tus elecciones y tu manera de vivir. No son metas (porque las metas cambian), sino principios que permanecen. De esta manera no solo estarás creando metas, sino que estarás diseñando un camino que honra lo que eres y lo que de verdad importa para ti.

Quiero invitarte a que hagas este ejercicio para que pongas por escrito esos valores y que, además, los alinees con tus objetivos.

EJERCICIO

Paso 1: Haz una lista de tus valores principales, que incluya al menos diez de ellos. Pregúntate: «¿Qué es esencial para mí en la vida? ¿Cuál es mi motor?». Te pongo algunos ejemplos de valores que podrían estar en esa lista: libertad, conocimiento, crecimiento personal, familia, pareja, honestidad, lealtad, esfuerzo, dinero, sinceridad, salud, autenticidad, amor, calma, paz, etc. Elige diez que te representen a ti y a tu forma de vivir.

Ahora que ya tienes claros los cimientos sobre los que vives, es hora de alinearlos con tus objetivos.

Paso 2: Diseña una lista de al menos tres objetivos a corto plazo (unos tres meses), tres objetivos a medio plazo (de unos seis meses a un año) y tres objetivos a largo

plazo (unos cinco años). Si quieres, puedes variar el número de objetivos.
Escríbelos de manera concreta, clara y realista. Por ejemplo:

- A corto plazo: empezar un hábito de autocuidado diario.
- A medio plazo: ahorrar para un viaje soñado.
- A largo plazo: emprender un proyecto propio alineado con mi pasión.

Paso 3: Cuando los tengas, detrás de cada objetivo que has diseñado, escribe los valores que estás honrando con dicho objetivo. Por ejemplo:

- Hacer ejercicio → Salud.
- Crear un proyecto propio → Libertad
- Cuidar mis relaciones auténticas → Amor

Paso 4: Ahora que ya tienes tus objetivos marcados, quiero que imagines por un momento que tienes una varita mágica y que si la agitas puedes conseguir tan solo uno de estos objetivos en veinticuatro horas.
Pregúntate: «¿Cuál sería el objetivo que tendría el mayor impacto positivo para mi vida?».
Dibuja un círculo alrededor del objetivo que has elegido.
Escríbelo en otra hoja en blanco aparte.
Ponle una fecha límite.
Haz una lista de todo lo que tienes que hacer para lograrlo.

Organízalo todo en una *checklist*.
Actúa: haz algo todos los días que te acerque a ese objetivo.
Después de hacer este ejercicio, creado por el mentor Brian Tracy, puedo asegurarte de que, como él dice, nadie podrá pararte, salvo tú misma.

Por último, algo muy importante que quiero recordarte es que no midas tu valor en función de si llegas o no a esas metas. Tú vales igual en el camino que en la meta. Lo que cuenta no es solo lograrlo, sino en quién te conviertes mientras lo intentas.

Ponte objetivos que te reten pero que también te ilusionen. No te castigues si tardas más, no te compares con el ritmo de los demás. Recuerda que la carrera es contigo misma.

Y, sobre todo, celebra cada paso. Porque el amor propio también está en reconocer lo que ya has avanzado. No esperes a tenerlo todo para sentirte orgullosa, celébrate en cada pequeño logro.

MI MENSAJE ES PARA TI

Ahora quiero hablarte directamente a ti, sin técnicas, sin estructuras, sin nada más que la verdad de mujer a mujer. Si este libro ha llegado a tus manos y lo has leído hasta aquí, esto ya no es una casualidad, es el destino. Y significa que eres una mujer valiente. Porque no todas se atreven a mirarse, no todas se atreven a cuestionarse, no todas se atreven a decir: «Quiero algo diferente para mí». Y tú lo has hecho.

Este libro no hace milagros, pero sí puede ser un primer paso para que sueltes lo que ya no es para ti, para que vuelvas a tu centro y empieces a descubrir que el amor más grande que vas a tener nunca es el tuyo.

Quiero que sepas que no estás rota. Que, aunque hayas llorado, aunque te hayas sentido perdida, aunque hayas repetido patrones que te han hecho daño, no hay nada en ti que esté mal. Lo has hecho lo mejor que podías con las herramientas que tenías. Y si a veces te has abandonado, si has dado demasiado, si has aguantado más de la cuenta, fue porque estabas buscando de alguna manera el amor que necesitas. Pero hoy ya sabes que el amor que buscas empieza en ti.

Este es mi mensaje: si alguna vez te sientes pequeña e insuficiente en manos de alguien, sal de ahí. No te conformes con menos de lo que mereces. No te dejes pisar por nadie ni pongas tu valor en manos de otras personas. No dejes que nadie apague tu luz. Porque cualquier relación que te reste felicidad o paz no merece la pena. Recuerda que has venido al mundo para ser feliz, no para sufrir.

No cuestiones tu valor por nada del mundo. Ya eres valiosa simplemente porque estás viva, porque respiras. Y eso es motivo suficiente para amarte tú y para que los demás te amen. Eres increíble, así como eres. El amor es gratis, y en ningún caso debes hacer nada para ganártelo, simplemente ser tú.

Tú eres tu mejor elección, el gran amor de tu vida. Trátate como tal. Háblate con respeto, pon límites, aléjate de personas que no vibran contigo, abrázate todas las noches, perdona a tus padres, salva a tu niña interior y sálvate a ti.

Y, si alguna vez dudas, si alguna vez vuelves a sentirte pequeña, abre este libro por cualquier página y recuérdalo: ya eres una mujer valiosa. No lo serás cuando tengas pareja, no lo serás cuando cumplas todas tus metas, no lo serás cuando alguien te elija. Lo eres aquí y ahora, con lo que eres y con lo que tienes.

Quiero que seas tú misma, que no intentes ser otra persona para encajar con las expectativas de alguien, estás aquí para brillar con luz propia. Y no hay nada más bonito que ser tú. Eres perfecta así, intensa, dramática, viva. Así que no te avergüences de ser tú. Porque a quien le encantes le vas a gustar precisamente por eso, por ser auténtica, te lo aseguro.

Y si algún día tropiezas y vuelves a caer en lo de antes o sientes que das un paso atrás, no te castigues. Eres humana, y cada caída es parte del camino. No busques ser perfecta, no lo necesitas. No intentes hacerlo todo bien, solo busca no volver a abandonarte nunca más.

Porque aún no lo sabes, pero en todos los relatos e historias de las mujeres que aparecen en este libro, en realidad, hay un pedazo de mí. Yo también fui esa mujer que lloró por amor, que se abandonó, que se olvidó de sí misma, que se dejó pisar, que se conformó con poco, que tuvo miedo a la soledad, que se sintió pequeña e insuficiente. Pero también fui la que un día dijo: «Basta ya, me elijo a mí de una vez».

Y si mi historia sirve para ayudar tan solo a una mujer que alguna vez se haya sentido igual, este libro no se habrá escrito en vano.

En estas páginas dejo mis lágrimas, mi alma y mi corazón.

Con amor a todas vosotras, este libro es vuestro.

EPÍLOGO

Gracias, amiga, por dejarme acompañarte en este viaje. Gracias por abrir tu corazón, por permitir que mis palabras se encontraran con tu historia, por caminar conmigo, aunque no nos conozcamos en persona. Cada página que has leído ha sido también una conversación contigo, una forma de tenderte la mano y recordarte que no estás sola en este camino.

Has tenido el coraje de abrir este libro, de mirar hacia dentro, de cuestionarte, de poner nombre a tus heridas y de empezar a imaginar un futuro distinto para ti. Eso ya es un acto de amor hacia ti misma.

Este epílogo no es un adiós, es un deseo. Mi deseo de que a partir de hoy te mires con un poquito más de compasión, de que te abraces más fuerte en los días grises, de que celebres cada pequeño paso, de que nunca te pongas en el último lugar de tu vida. Mi deseo es que cada día te quieras un poquito más.

No te exijas llegar de golpe al perfecto amor propio porque eso no existe. El amor propio se construye en gestos pequeños, en cómo te hablas cuando te equivocas, en cómo respetas tu cuerpo cuando está cansado, en cómo te sostienes en lugar de juzgarte. Cada día puedes sembrar un acto de amor hacia ti. Y, créeme, con el tiempo esas semillas se convierten en raíces, y esas raíces en la vida plena que mereces.

Gracias por leerme, por escucharme, por permitirme ser parte de tu camino. Me siento profundamente honrada de haberte acompañado hasta aquí. Espero que guardes en tu corazón las palabras de este libro que te hayan resonado y que de verdad te sirvan.

Y ahora te toca a ti vivir tu vida con amor, con valor y con la certeza de que ya eres una mujer valiosa.

Ojalá al cerrar este libro sientas dentro de ti la voz que dice: «Me elijo, me abrazo, me quiero un poquito más que ayer».

AGRADECIMIENTOS

Creo que agradecer es uno de los actos que el ser humano debería hacer siempre. Hace que aumente nuestra energía, nuestra vibración. Hace que recordemos lo afortunados que somos, y yo lo soy.

Por lo tanto, quiero darle las gracias a mi familia, por estar de forma incondicional para mí. Porque me han apoyado siempre y me han dado todo lo que tenían dentro de sus posibilidades. Porque siempre han confiado ciegamente en mí. Gracias, papá, mamá, hermanos, abuela, tito, tita y primos.

A mi pareja, por apoyarme siempre y enseñarme que sí existe el amor sano. Eres un gran maestro para mí, me has enseñado lo que es la paciencia, la calma. Me has enseñado a mostrarme vulnerable y sentirme segura. A que no soy débil por no poder con todo como siempre he hecho. Me has enseñado a dejar de sobrevivir. Gracias por amarme como lo haces y por haber creído en mí cuando yo no lo hacía.

A mis amigos, por confiar en mí y en mis proyectos siempre. Por alegraros de corazón cuando os anuncio mis locuras. En especial a Bea, por ser mi confidente y mi amiga eterna, soy muy afortunada de tenerte.

Y, cómo no, a las mujeres a las que he acompañado en el

camino, vosotras también habéis hecho posible este libro. Yo os he ayudado a vosotras, pero lo que no sabéis es que vosotras también me habéis ayudado a mí. Yo también he sanado y he aprendido mucho a través de vuestras historias. Sois uno de los motivos por lo que me levanto cada día. Mi historia y mi propósito tienen sentido gracias a vosotras.

REFERENCIAS

Argov, Sherry, *Por qué los hombres aman a las cabronas*, Editorial Planeta Mexicana, 2007.

Betrián, Celia, *Ama sin dejar de quererte*, Editorial Grijalbo, 2022.

Martínez Novoa, Marta, *El síndrome de la chica buena*, Editorial Zenith, 2024.

Seva, Noemí, *Ámate y mucho*, Editorial Zenith, 2022.

Stamateas, Bernardo, *Gente tóxica*, B de Bolsillo (Ediciones B), 2010.

Tracy, Brian, *Si lo crees, lo creas*, Conecta, 2024.

Tolle, Eckhart, *El poder del ahora*, Gaia Ediciones, 2007.

UN ESPACIO PARA MIS PENSAMIENTOS

Este libro me ha dejado una enseñanza muy valiosa, que es…